Dr. Verena Utikal

# Entscheide dich glücklich!

*Für Katharina, die sich nie zwischen*
*Pizza und Pasta entscheiden konnte.*

Dr. Verena Utikal

# Entscheide dich glücklich!

## Warum in kleinen Entscheidungen die große Veränderung liegt

Brandstätter

# Vorwort

Ich wollte schon immer ein Buch schreiben. Bereits in der neunten Klasse war ich überzeugt: Eines Tages würde ich ein eigenes Buch veröffentlichen – und ich wusste sogar schon, wem ich es widmen wollte: meiner besten Freundin Katharina. Ich hatte ihr die Widmung meines ersten Buchs damals zum fünfzehnten Geburtstag geschenkt: „Wenn es so weit ist, ist es für dich.“ Das war vor fast dreißig Jahren.

Das Buch habe ich jedoch sehr lange nicht geschrieben. Nicht, weil ich es mir anders überlegt hätte – im Gegenteil. Ich wollte es schreiben. Ich war sicher, den Willen und die Energie zu haben. Mein Entschluss stand fest, meine Entscheidung schien unumstößlich. Aber es folgte keine Tat, ich schrieb kein Wort. Daran änderte auch mein schlechtes Gewissen nichts.

Sie fragen sich sicher, was passiert ist? Das, was vielen von uns passiert: Ich habe mich zwar bewusst entschieden, aber unbewusst anders gehandelt. Ich war motiviert, inspiriert, entschlossen – doch irgendwie kam das Leben dazwischen. Alltag. Andere Prioritäten. Und irgendwann wurde aus „Ich will“ ein „Ich sollte bald mal“.

Als Verhaltensökonomin hatte ich allerdings den großen Vorteil, dass ich meinem eigenen Verhalten auf die Schliche kommen konnte: Die Sache mit Entscheidungen ist nämlich eine verzwickte, heikle Angelegenheit, und wenn man nicht weiß, wie sie funktionieren und was unbewusst hinter vielen von ihnen steckt, tappen wir oft in eine selbst gemachte Falle. Während meines Studiums und später während meiner Forschung an der Universität wurde mir das aber immer bewusster, und dieses Wissen half mir letztendlich, meine Entscheidung, ein Buch zu schreiben, endlich in die Tat umzusetzen.

Sie halten es jetzt in Ihren Händen und darüber freue ich mich sehr. Es ist das Ergebnis einer langen Reise mit vielen Erkenntnissen, Umwegen und Augenöffnern. Wie ich es geschafft habe, aus dem Wollen ins Tun zu kommen, diesen Graben zwischen Vorsatz und Handlung zu überwinden, das möchte ich Ihnen erzählen und gleichzeitig erklären, was die Verhaltensökonomie dazu herausgefunden hat. Dieses Buch soll Ihnen helfen, den Unterschied zwischen bewussten und unbewussten Entscheidungen zu erkennen und zu verstehen, warum einer Entscheidung nicht immer eine entsprechende Tat folgt. Ich zeige Ihnen, wo die Denkfallen liegen, was das Bauchgefühl damit zu tun hat, was Umsetzungsblockaden sein können und wie wir sie lösen, damit wir letztendlich Entscheidungen treffen (können), die uns glücklich machen.

Ich habe es geschafft. Ich habe das Buch geschrieben, das dreißig Jahre darauf gewartet hat, geschrieben zu werden. Heute gebe ich dieses Buch mit Freude und ein wenig Stolz an Sie weiter. Und auch endlich an Katharina. Und ich hoffe, dass damit Ihre eigenen Entscheidungen nicht dreißig Jahre auf die Umsetzung warten müssen!

Ich wünsche Ihnen beim Lesen viele Aha-Momente, ein Lächeln des Wiedererkennens und vor allem Mut und Klarheit für Ihre nächsten Schritte.

Ihre
Verena Utikal

# 1

# ENTSCHEI-DUNGEN VERSTEHEN: WAS STECKT DAHINTER?

Schätzen Sie doch mal: Wie viele Entscheidungen treffen Sie pro Tag? Das ist eine Frage, die ich stets in meinen Workshops stelle. Seit über sieben Jahren veranstalte ich Entscheidungsseminare und bin jedes Mal erstaunt, welch unterschiedliche Antworten ich auf diese Frage bekomme. Viele Teilnehmer und Teilnehmerinnen zählen nur die Entscheidungen, die sie ganz bewusst treffen, wie zum Beispiel:

- Die Entscheidung, das Handy beim Aufwachen nicht sofort in die Hand zu nehmen, sondern stattdessen kurz durchzuatmen, sich zu strecken und den Tag bewusst zu beginnen.
- Die Entscheidung, welche Hose ich anziehe.
- Die Entscheidung, wohin ich in den Urlaub fahre.
- Die Entscheidung, einer Freundin kurz „Ich denk an dich" zu schreiben.
- Die Entscheidung, was ich meinem Vater zum Geburtstag schenken werde.

Andere zählen auch die unbewussten Entscheidungen dazu:

- den Griff in die Snack-Schublade beim kleinsten Anflug von Langeweile,
- den wiederholten Blick aufs Handy,
- das schnelle, unreflektierte „Ja" zu Aufgaben oder Einladungen,
- die Wahl des immer gleichen Wegs in die Arbeit.

Wenn Sie Google fragen, wie viele Entscheidungen ein Mensch pro Tag trifft, werden Sie eine unglaubliche Zahl finden: 20.000. Es ist mir bisher nicht gelungen, herauszufinden, wo diese Zahl herkommt, niemand in meinem Forschungsbereich der Verhaltensökonomie (auf Englisch Behavioral Economics) hat sie etabliert. Trotzdem geistert sie seit Jahren im Internet herum.

Nehmen wir mal an, diese Zahl stimmt und wir treffen tatsächlich 20.000 Entscheidungen pro Tag. Wow, das ist ganz schön viel! Wie soll man die denn alle schaffen? Ich weiß nicht, wie viele Stunden Schlaf Sie brauchen. Ich brauche mindestens zehn Stunden, um richtig wach zu sein, gebe mich aber, wenn es sein muss, auch mit acht Stunden zufrieden. Wenn Sie ebenfalls mit acht Stunden Schlaf auskommen, haben Sie also sechzehn Stunden Zeit, diese 20.000 Entscheidungen zu treffen. Das bedeutet, dass Sie, wenn wir das herunterrechnen (20.000 : 16 : 60 ≈ 20), circa zwanzig Entscheidungen pro Minute treffen, um am Ende des Tages tatsächlich auf 20.000 Stück zu kommen. Eine unglaubliche Leistung. Aber wie machen wir das?

Zunächst einmal ist wohl klar, dass wir diese Entscheidungen nicht alle bewusst treffen können, im Sinn von schriftlichen oder mentalen Pro- und Kontra-Listen, mit viel Hirnschmalz und Zeit, um abzuwägen, ob wir uns nun für A oder B entscheiden sollen. Denn wenn wir tatsächlich alle drei Sekunden eine bewusste, kognitive Entscheidung treffen würden, wären wir morgens um halb zehn nicht nur reif für ein zweites Frühstück, sondern vermutlich vor Erschöpfung schon wieder zurück im Bett. Entscheidungen zu treffen ist nämlich unglaublich anstrengend und verbraucht viel Energie. Das Gehirn verarbeitet Informationen, wägt Optionen ab und prognostiziert Konsequenzen. Das kostet kognitive Ressourcen, noch dazu, weil nicht nur eine Hirnregion an den Entscheidungsprozessen arbeitet, sondern gleich drei daran beteiligt sind. Da wäre zuerst einmal der präfrontale Kortex: Er sitzt, wie der Name schon sagt, an der Stirnseite des Gehirns und ist für logisches Denken, Planung und Impulskontrolle zuständig. Mit ihm verbunden ist das limbische System, eine Struktur in Form eines doppelten Rings, zu dem unter anderem die Amygdala (Mandelkern) gehört. Dieses limbische System ist für die Verarbeitung von Emotionen, aber auch für die Entstehung von Triebverhalten verantwortlich. Das Striatum wiederum, das ebenfalls im Vorderhirn liegt, spielt für die Belohnungsabschätzung eine bedeutende Rolle. Kein Wunder also, dass bei einer derart intensiven neuronalen Aktivität wie der Entscheidungsfindung unser Gehirn enorm viel Futter in Form von Glucose braucht.

Weil Entscheidungen so mühsam sind und viel Energie kosten, versuchen wir Menschen – als energieeffiziente Lebewesen – Kraft zu sparen: Wir treffen die allermeisten unserer Entscheidungen daher nicht bewusst (weil anstrengend), sondern automatisiert. Forschende schätzen, dass rund 95 Prozent unserer täglichen Entscheidungen unbewusst ablaufen. Und sehr häufig sind das kleine, eher unwichtige Entscheidungen über alltägliche Dinge. Trotzdem haben sie einen riesigen Einfluss auf unseren Alltag, unsere Beziehungen, unser Glück. Dennoch legen die meisten Entscheidungsratgeber und Seminare ihren Fokus auf die großen Entscheidungen im Leben. Stimmt ja: Große Entscheidungen begegnen uns allen irgendwann. Dazu gehört zum Beispiel ein Karrierewechsel, ein Umzug oder eine größere Anschaffung wie ein neues Auto. Auch die Entscheidung für Kinder zählt dazu. Jedoch treffen wir diese wichtigen Entscheidungen nicht jeden Tag, wahrscheinlich nicht einmal jede Woche, und vielleicht noch nicht einmal jedes Jahr.

Deshalb möchte ich Sie dazu einladen, Entscheidungen aus einer neuen Perspektive zu betrachten. Während wir meistens unsere großen, bewussten Entscheidungen analysieren und hinterfragen – War das die richtige Wahl? Hätte ich besser ... oder doch lieber ...? –, liegt die wahre Macht über unser Leben oft in den kleinen, alltäglichen Entscheidungen, die wir kaum bemerken. Nicht die großen Wendepunkte, sondern gerade die unbewussten Entscheidungen haben den größten Einfluss auf unser Leben. Wir bauen wahrscheinlich nur einmal im Leben ein Haus (außer wir sind Architekten), aber wir müssen uns jeden Tag anziehen und etwas essen.

Diese scheinbar unwichtigen Entscheidungen beeinflussen unser Leben enorm. Und das ohne unser bewusstes Zutun, sondern im Autopilotmodus. Aber wie funktioniert das? Schauen wir uns also die Programmierung unseres Autopiloten an.

Dafür benötigen wir unbedingt Daniel Kahneman. Daniel Kahneman ist der Psychologe, der das Standardmodell des Homo Oeconomicus kräftig durcheinandergewirbelt hat, und zwar mit einer Mischung aus Menschenverstand, Mathematik und einem Hauch von „Huch, sind die Leute verrückt!“. Als Psychologe, der die Welt der Ökonomie revolutionierte, zeigte er, dass wir Menschen nicht immer so rational handeln, wie wir uns das gern einreden. Die meisten von uns wollen durchdachte Entscheidungen treffen, anstatt sich von spontanen Emotionen mitreißen zu lassen. Das gibt uns das Gefühl von Kontrolle – niemand mag das

Chaos, das impulsive Bauchentscheidungen manchmal hinterlassen. Außerdem wirkt Rationalität smart und kompetent, und wer will nicht ein bisschen wie Mr. Spock rüberkommen? Außerdem spart logisches Denken oft Stress, weil klare Argumente besser zu verstehen sind als wilde Emotionen.

Leider klappt das mit dem rationalen Entscheiden nicht immer so gut. Stattdessen sind wir oft impulsiv, voreingenommen und manchmal sogar herrlich unlogisch. Um das zu zeigen, entwickelte Daniel Kahneman zusammen mit seinem Kollegen Amos Tversky haufenweise Experimente. Zum Beispiel dieses hier:

Linda ist 31 Jahre alt, ledig, offen und hochintelligent. Sie hat Philosophie studiert. Als Studentin hat sie sich mit Themen wie sozialer Gerechtigkeit und Diskriminierung beschäftigt und nahm an Anti-Atomkraft-Demonstrationen teil.

Was ist wahrscheinlicher?

A) Linda ist eine Bankangestellte.
B) Linda ist eine Bankangestellte und in der feministischen Bewegung aktiv.

Was denken Sie?

Die meisten Befragten wählen Option B, also dass Linda eine feministische Bankangestellte ist. Das ist aber ein Denkfehler!

Denn mathematisch ist es *immer* wahrscheinlicher, dass eine einzelne Eigenschaft zutrifft (A: nur Bankangestellte) als eine Kombination von zwei Eigenschaften (B: Bankangestellte *und* Feministin). Es ist zum Beispiel auch wahrscheinlicher, dass ein zufällig ausgewählter Mann Haare hat, als dass er blonde Haare hat. Die Teilnehmenden des Experiments ließen sich aber von der Beschreibung beeinflussen. Weil Linda wie eine typische Feministin klingt, hielten sie es für logischer, dass sie beides ist. Das Experiment zeigt, dass unser Gehirn oft nach Geschichten und Mustern sucht, anstatt sich auf reine Wahrscheinlichkeiten zu verlassen. Dazu ein weiteres Beispiel:

Gibt es mehr Wörter, die mit „R" beginnen, oder mehr Wörter, bei denen „R" an dritter Stelle steht?

Was denken Sie?

Die meisten Leute schätzen, dass es mehr Wörter gibt, die mit „R" beginnen, weil sie sich diese leichter vorstellen können (zum Beispiel „Rakete", „Rolle"). Tatsächlich gibt es aber mehr Wörter mit „R" an dritter Stelle (zum Beispiel „März", „Kerze").

Auch bei dieser Frage sucht unser Gehirn nach schnellen, verfügbaren Beispielen und hält das, was uns leichter einfällt, für wahrscheinlicher, selbst wenn es nicht stimmt.

Daniel Kahneman und Amos Tversky offenbarten mit ihrer Forschung aber nicht nur, dass unsere Entscheidungen voller Denkfehler sind, sondern auch, dass Menschen Risiken lieber vermeiden und Verluste uns mehr schmerzen als uns Gewinne freuen. Dazu später mehr.

Für seine Forschung zu diesen Themen wurde Kahneman 2022 der Nobelpreis für Wirtschaftswissenschaften verliehen. Damit war er der erste (und bisher einzige) Psychologe, der den Wirtschaftsnobelpreis erhielt. Seine Forschung war so einflussreich, dass sie die Art und Weise veränderte, wie Ökonomen und Ökonominnen über Entscheidungen, Märkte und menschliches Verhalten nachdenken. Deshalb war die Ehrung zwar unerwartet, aber absolut verdient.

## Kommandozentrale versus Autopilot

Ein weiterer wichtiger Beitrag von Daniel Kahneman ist seine etablierte Zwei-Systeme-Theorie für die Entscheidungsfindung. In seinem Modell gibt es zwei Arten von Entscheidungen: bewusste Entscheidungen und unbewusste Entscheidungen. Kahneman nimmt an, dass sie von zwei unterschiedlichen Arten von Systemen getroffen werden.

Forschende verschwenden häufig keinen Gedanken an Marketing und daran, wie sie ihre Erkenntnisse am besten an die Öffentlichkeit bringen. Deswegen wundert es nicht, dass Kahnemans Systeme einen sehr schlichten und effizienten Namen bekommen haben: System 1 und System 2. Weil das häufig dafür sorgt, dass man furchtbar durcheinanderkommt, welches System jetzt noch mal für was zuständig war, werde ich in diesem Buch stattdessen die Begriffe „Autopilot“ und „Kommandozentrale“ verwenden:

**Autopilot** steht für System 1. Er ist das *schnelle, automatisierte System*, das für die mühelosen, unbewussten (Bauch-) Entscheidungen zuständig ist. Ist der Autopilot am Werk, wissen wir oft noch nicht mal, dass wir gerade eine Entscheidung getroffen haben.

**Kommandozentrale** steht für System 2. Sie ist das *langsame, kontrollierte System*, das verantwortlich ist für die bewussten und mühevollen (Kopf-)Entscheidungen.

Diese beiden Systeme, unsere „Entscheidungsmacher“, sind wie zwei innere Persönlichkeiten, die bei jeder Entscheidung ein Duell austragen. Auf der einen Seite haben Sie den schnellen, spontanen Bauchmenschen – das ist Ihr Autopilot. Der ist impulsiv, intuitiv und sagt einfach „Los geht's!“, ohne groß nachzudenken.

**Beispiele für den Autopiloten:**

- Reflexhaft nach dem Handy greifen – Wenn eine Nachricht aufpoppt, greifen wir oft ohne Überlegung danach, selbst wenn wir eigentlich etwas anderes machen wollten.
- Sympathie beim ersten Eindruck – Oft entscheidet unser Bauchgefühl in Sekunden, ob wir jemanden mögen oder nicht, noch bevor wir wirklich etwas über die Person wissen.
- Snack-Entscheidungen im Supermarkt – Schnell greifen wir zur Schokolade, weil sie appetitlich aussieht, ohne groß darüber nachzudenken, ob wir sie wirklich brauchen.
- Reagieren auf Straßengeräusche – Wenn ein Auto hupt, springen wir instinktiv zur Seite, bevor wir rational darüber nachdenken können.

- Lachen über einen Witz oder Kommentar – Humor wirkt oft sofort und ohne Überlegung, besonders wenn es um spontane Wortspiele oder unerwartete Pointen geht.
- Alltagsroutinen ausführen – Beim Zähneputzen oder Schuhebinden müssen wir nicht bewusst über die Abläufe nachdenken, der Autopilot hat alles im Griff.
- Weg entscheiden ohne Navi – Manchmal läuft man spontan eine vertraute Strecke entlang, ohne groß zu überlegen: Unser Autopilot lässt uns automatisch den „gewohnten" Weg nehmen.
- Gefühlte Gefahren oder Risiken einschätzen – Bei Dingen, die uns unheimlich erscheinen (zum Beispiel ein Geräusch im Dunkeln), schaltet der Autopilot in den „Gefahr erkannt"-Modus, oft schneller als der rationale Verstand.

Häufig kommt unser Autopilot auch zum Einsatz, wenn wir in einer Entscheidungssituation stecken und sofort unterbewusst spüren,. wofür wir uns entscheiden möchten. Er wirkt wie ein Scheinwerfer, ein „Spotlight", der eine Option besonders anstrahlt und diese sich einfach richtig anfühlt.

### Beispiele für Spotlights

- Shopping – Im Supermarkt greifen wir instinktiv zu einer bestimmten Marke.
- Ein Angebot ablehnen, das zu gut klingt – Wenn uns etwas suspekt erscheint, fühlen wir oft sofort Unbehagen und lehnen das Angebot ab, ohne den genauen Grund zu kennen.
- Beim Reisen den richtigen Weg „spüren" – In einer fremden Stadt gehen wir manchmal ohne Karte ein-

fach den Weg, der sich „richtig“ anfühlt, und merken, dass wir tatsächlich auf dem korrekten Weg sind.

- Helfen in Notsituationen – Wenn jemand plötzlich stürzt, fühlen wir uns oft sofort gedrängt, zu helfen, ohne lange nachzudenken.
- Spontan entscheiden, jemandem zu vertrauen – Manchmal treffen wir jemanden und fühlen sofort, dass diese Person vertrauenswürdig ist, auch ohne rationale Beweise dafür zu haben.
- Schutzinstinkt bei Gefahren – Bei Kindern oder Haustieren, die in eine Gefahrensituation geraten, wissen wir intuitiv, dass wir eingreifen müssen – das „Spotlight“ liegt sofort auf ihrem Schutz.
- Blickkontakt herstellen – In einer neuen Gruppe spüren wir oft instinktiv, zu wem wir zuerst Blickkontakt aufbauen wollen, weil diese Person sympathisch oder offen wirkt.

Der Autopilot ist fast den ganzen Tag im Einsatz, aber manchmal ist uns mit etwas anderem besser gedient. Dafür haben wir die Kommandozentrale, den langsamen, analytischen Denker. Dieser Kerl ist wie ein älterer Professor, der in einem gemütlichen Sessel sitzt und stets bereit ist, komplexe Probleme zu durchdenken. Aber nur, wenn man ihn nicht hetzt!

### Beispiele für Entscheidungen in der Kommandozentrale:

- Finanzplanung – Wie viel Geld wollen wir sparen, investieren oder ausgeben, und welche Optionen und Risiken müssen wir dabei abwägen?
- Karriereentscheidungen – Ein Berufswechsel, eine Weiterbildung oder ein neuer Arbeitsplatz verlangen eine gründliche Analyse von Vor- und Nachteilen.
- Haus- oder Autokauf – Eine große Anschaffung wie ein Haus oder Auto erfordert oft viel Recherche, das Vergleichen von Angeboten und die Berücksichtigung von langfristigen Kosten.
- Gesundheitsentscheidungen – Das Abwägen von Behandlungsoptionen oder Lebensstiländerungen für die Gesundheit, wie Diätpläne oder medizinische Eingriffe, bringt oft Entscheidungen mit sich, die intensiv durchdacht werden müssen.
- Projektplanung – Beim Start eines neuen Projekts (privat oder beruflich) nutzen wir die Kommandozentrale, um die Ziele, den Ablauf, Ressourcen und mögliche Herausforderungen strukturiert zu planen.
- Rechtliche Entscheidungen – Wenn es um Vertragsabschlüsse, Testamente oder andere rechtliche Angelegenheiten geht, setzen wir ebenfalls die Kommandozentrale ein, um alle Konsequenzen und Bedingungen zu verstehen und zu analysieren.

Machen wir eine Selbstanalyse und versuchen wir, unseren Tag in Sachen Entscheidungen aufzudröseln:

- Denken Sie mal darüber nach, welche Entscheidungen Sie heute bereits getroffen haben.

- Welches System war dafür verantwortlich (Autopilot oder Kommandozentrale)?
- Gab es Entscheidungen, die Sie nur mit der Kommandozentrale getroffen haben?
- Oder nur im Autopilotmodus? Wo haben Sie das Spotlight gespürt?

## KOMMANDOZENTRALE IM ALLEINGANG

Vielleicht haben Sie bei Ihrer Analyse bemerkt, dass es gar nicht so einfach ist, Entscheidungen zu finden, die Sie ausschließlich in der Kommandozentrale getroffen haben. Entscheidungen, die wir nur mit dem Kopf treffen, sind sehr selten, obwohl wir uns das gern anders einreden möchten: Wir halten uns für sehr rationale Menschen, häufig sind wir das aber nicht.

Stellen Sie sich vor, Sie stehen vor der Entscheidung, einen Mähroboter zu kaufen. Kein lästiges Rasenmähen mehr, keine verschwitzten Sommernachmittage mit einem lauten Benzinmäher, der nach zwei Stunden mehr Gras an Ihnen als auf dem Kompost hinterlassen hat. Also fassen Sie einen Entschluss: Dieses Mal wird alles durchdacht und rational entschieden!

Ganz systematisch gehen Sie die Sache an. Sie recherchieren, lesen Testberichte, vergleichen Preise und Funktionen. Ihr Kopf ist bald voller Begriffe wie „Begrenzungskabel", „Steigungswinkel" und „Schnittbreite" – alles Dinge, die Sie vor einer Woche noch für belanglos gehalten haben. Sie erstellen eine Excel-Tabelle, kategorisieren nach Akkulaufzeit, Lautstärke, Mähleistung, Regensensoren und App-

Steuerung. Sie überlegen, ob der Roboter GPS-Navigation braucht oder ob Ihnen eine zufällige Mähstrategie reicht. Ihre Entscheidung scheint rein logisch – keine Emotionen, nur knallharte Fakten. Und dann passiert es. Beim Durchstöbern der Modelle stolpern Sie über diesen einen Mähroboter. Er hat LED-Leuchten. LEDs! Er sieht nicht aus wie eine schnöde Gartenmaschine, sondern wie ein kleiner futuristischer Sportwagen für den Rasen. Ihr Herz schlägt schneller. Sie stellen sich vor, wie er elegant über das Grün rollt, wie die Nachbarn neidisch aus dem Fenster lugen, wie er in der Dämmerung leuchtet wie ein Mini-Batmobil.

Plötzlich spielt die Akkulaufzeit keine so große Rolle mehr. Die Tatsache, dass er keine perfekte Kantenmähfunktion hat? Ach, das bisschen Nacharbeiten mit der Schere wird Ihnen sogar Spaß machen. Und der Preis? Nun ja … „Man gönnt sich ja sonst nichts", murmeln Sie und schließen gedankenverloren die Excel-Tabelle.

Nun stehen sich Ihre Kommandozentrale und Ihr Autopilot in einem dramatischen Showdown gegenüber:

Kommandozentrale: „Du weißt genau, dass Modell B technisch besser ist und günstiger!"

Autopilot: „Aber schau ihn dir an! Er hat Stil! Er hat Charakter! Stell dir die Sommerabende vor, wenn er leise vor sich hin mäht …"

Kommandozentrale: „LED-Leuchten tragen nichts zur Mähleistung bei."

Autopilot: „Aber sie sind cool."

Kommandozentrale: „Aber du hast eine Tabelle gemacht! Eine Tabelle!"

Autopilot: „Na und? Deinen BMW hast du doch auch wegen der Farbe gekauft."

Kommandozentrale: *Schweigen …*

Und dann – klick. Bestellt.

Am Ende gewinnt die Mischung aus Kopf und Bauch. Obwohl die Entscheidung mit der Kommandozentrale gestartet wurde, hat der Autopilot am Ende kräftig mitgeredet. Das passiert oft. Die Kommandozentrale entscheidet seltener allein, als wir vermuten.

## AUTOPILOT IM ALLEINGANG

Entscheidungen, die der Autopilot im Alleingang trifft und bei denen die Kommandozentrale Sendepause hat, sind dagegen recht häufig. Sie stehen dann im Vordergrund, wenn eine Situation emotional, stressig oder gut geübt ist.

Vielleicht kennen Sie das: Es ist ein ganz normaler Tag. Sie schlendern durch den Supermarkt, ohne Plan, ohne Ziel, einfach nur so. Vielleicht brauchen Sie gar nichts Konkretes. Vielleicht sind Sie nur hier, weil es draußen regnet. Egal. Und dann geschieht es. Ihr Blick bleibt an etwas hängen: Schokolade. Nicht irgendeine Schokolade – die perfekte Schokolade. Die Verpackung glänzt verführerisch, als hätte sie nur auf Sie gewartet. Keine lange Überlegung, kein innerer Monolog, kein Pro-und-Kontra-Abwägen. Ihr Arm bewegt sich wie von selbst. Und schon halten Sie die Schokolade in der Hand.

Ihr Gehirn meldet sich? Nein. Keine Warnung. Kein „Brauche ich das wirklich?“. Die Kommandozentrale schläft tief und fest. Ihr Finger fährt über die Verpackung, die sanft knistert. Ein kurzer Blick auf die Sorte: Haselnuss. Egal, denn Sie haben sich bereits entschieden, die Schokoladentafel zu kaufen. Sie laufen zur Kasse, Ihr Körper ist in einem Flow-Zustand, als hätte eine höhere Macht die Kontrolle übernommen. Biep. Die Schokolade wird gescannt. Sie zahlen. Sie verlassen den Laden. Und erst draußen, als Sie das goldene Papier aufreißen und den ersten Bissen nehmen, dämmert es Ihnen langsam: „Ach, ich wollte doch gar keine Schokolade kaufen ..." Zu spät. Der Autopilot hat längst gewonnen.

## WARUM WIR GERN GLAUBEN, DASS DIE KOMMANDOZENTRALE DAS SAGEN HAT, OBWOHL SIE MEISTENS NUR STATISTIN IST

Menschen sind wahre Meister der Selbsttäuschung. Wir lieben es, zu denken, dass wir rationale, durchdachte Entscheidungen treffen. Dass unser Gehirn wie ein strenger Buchhalter jede Option abwägt, Tabellen mit Vor- und Nachteilen führt und erst nach sorgfältiger Analyse auf „Kaufen" klickt. Das Problem? Das ist eine wunderschöne, aber ziemlich naive Illusion. Denn in Wahrheit ist es nicht die weise Strategin Kommandozentrale, die die meisten Entscheidungen trifft, sondern der spontane, emotionale und ein bisschen launische Bauchdenker. Doch weil wir uns nicht gern eingestehen, dass unser Denken oft mehr aus Reflexen als aus Logik besteht, kommt die Kommandozentrale doch noch ins Spiel – als Pressesprecher.

Kommandozentrale: „Ich habe gründlich überlegt, ob ich mir diese teure Designerjacke kaufe. Ich habe die Materialien analysiert, Bewertungen gelesen und verschiedene Modelle verglichen. Eine wohlüberlegte Entscheidung!"

Und das ist wirklich passiert:

Autopilot: „Ooooh, die ist schön! Ich fühle mich darin sofort cool und erfolgreich. Haben will!"

Kommandozentrale: „Äh … also, das war natürlich eine durchdachte Investition in Qualität und Langlebigkeit."

Der Autopilot entscheidet in Millisekunden, doch die Kommandozentrale erfindet hinterher eine logisch klingende Begründung, damit wir nicht zugeben müssen, dass wir uns von einer schicken Jacke oder einer elegant verpackten Tafel Schokolade verführen ließen. Wir nennen das Nachdenken, aber eigentlich ist es ein „Rationalisieren einer Bauchentscheidung".

Wir wollen glauben, dass wir klug und reflektiert handeln, dass wir Herr unserer Entscheidungen sind. Doch in den meisten Fällen ist es wie mit einem impulsiven Hund, der an der Leine zieht – der Autopilot rennt los, die Kommandozentrale läuft hinterher und tut so, als wäre das von Anfang an der Plan gewesen. Wir belügen uns damit nicht nur selbst, sondern wenden es auch als Strategie an, um vor anderen smart und überlegt dazustehen.

Beispiel gefällig? Stellen Sie sich vor, Ihre Chefin kommt zu Ihnen und sagt: „Wir haben zwei Projekte zur Auswahl – A oder B. Bitte analysieren Sie die Vor- und Nachteile und geben Sie mir eine fundierte Empfehlung." Sie nicken professionell. Aber noch bevor Sie überhaupt eine Excel-Tabelle aufmachen oder Daten durchforsten, wissen Sie bereits: Projekt A fühlt sich einfach besser an. Warum? Keine Ahnung. Es ist einfach so. Doch da Sie Ihrer Chefin nicht sagen können „Lass uns A nehmen, weil … na ja, es fühlt sich richtig an", beginnt Ihr Gehirn mit einer ganz besonderen

Aufgabe: Rationalisierung. Und das läuft so ab: Sie starten Ihre Analyse, aber irgendwie fällt Ihnen auf, dass Sie unbewusst mehr Argumente für A als für B finden: „Projekt A hat eine höhere Erfolgschance!“ (Oder wirkt es nur so, weil Ihnen die Idee sympathischer ist?), „Projekt B ist riskanter“ (Oder nehmen Sie die Risiken nur stärker wahr, weil Sie es eh nicht wollen?), „Die Zusammenarbeit mit Partner XY in Projekt A wäre viel einfacher!“ (Oder mögen Sie den einfach lieber als den von B?).

Ohne es zu merken, arbeiten Sie nicht mehr an einer neutralen Analyse, sondern an der besten Begründung für Ihr Bauchgefühl. Und dann – tada! – präsentieren Sie Ihrer Chefin einen sehr überzeugenden, scheinbar logisch durchdachten Bericht, warum Projekt A eindeutig die beste Wahl ist.

Dieses Phänomen betrifft uns alle. Politiker, Managerinnen, Wissenschaftler, ja sogar Ihre Chefin. Wir glauben, wir denken erst nach und entscheiden dann – in Wirklichkeit läuft es oft genau andersherum. Macht das etwas aus? Manchmal ja, manchmal nein. Wenn Ihr Bauchgefühl richtigliegt, ist das super. Aber wenn Sie merken, dass Sie gerade dabei sind, sich nur selbst zu überzeugen, ist es eine gute Idee, innezuhalten und sich ehrlich zu fragen: „Habe ich wirklich alle Fakten betrachtet oder habe ich nur die Fakten genommen, die mein Bauchgefühl bestätigen?“

# Test

## Was für ein Entscheidungstyp bin ich: Bauchlenker oder Kopfpilot?

Alle von uns nutzen Kommandozentrale und Autopilot, doch je nach Persönlichkeit und Situation greifen wir entweder mehr auf den impulsiven, intuitiven Stil oder den überlegten, reflektierenden Ansatz zurück. Sind Sie also ein Bauch-Profi, der Entscheidungen spontan trifft, oder ein Kopfmensch, der in aller Ruhe die Optionen durchspielt? Willkommen zu unserem Test (in Anlehnung an Cornelia Betsch), der Ihnen hilft, herauszufinden, welcher Entscheidungstyp Sie sind!

Bitte geben Sie mit einer Ziffer zwischen 1 und 5 an, wie weit Sie den folgenden Aussagen zustimmen oder widersprechen. 1 bedeutet: Ich stimme gar nicht zu, 5 bedeutet: Ich stimme voll und ganz zu.

1. Bevor ich eine Entscheidung treffe, nehme ich mir meistens Zeit, gründlich darüber nachzudenken.
2. Ich achte sehr auf meine innersten Gefühle.
3. Vor einer Entscheidung denke ich oft darüber nach, welche Ziele ich damit erreichen möchte.
4. Bei den meisten Entscheidungen finde ich es sinnvoll, auf mein Bauchgefühl zu vertrauen.
5. Ich bin kein Fan von Situationen, in denen ich auf meine Intuition angewiesen bin.
6. Ich reflektiere oft über mich selbst.
7. Ich ziehe es vor, gut durchdachte Pläne zu machen, anstatt Dinge dem Zufall zu überlassen.
8. Ich treffe lieber Entscheidungen basierend auf meinen Gefühlen, meiner Menschenkenntnis und Lebenserfahrung.
9. Gefühle spielen bei meinen Entscheidungen eine bedeutende Rolle.
10. Ich neige zum Perfektionismus.
11. Wenn ich eine Entscheidung rechtfertigen muss, überlege ich besonders genau.
12. Bei der Frage, ob ich anderen vertrauen soll, entscheide ich eher aus dem Bauch heraus.
13. Bei Problemen analysiere ich zuerst die harten Fakten und Details, bevor ich eine Entscheidung treffe.
14. Ich denke nach, bevor ich handle.
15. Gefühlsbetonte Menschen mag ich lieber.
16. Ich denke mehr über meine Pläne und Ziele nach als viele andere.
17. Ich bin ein sehr intuitiver Mensch.
18. Ich genieße emotionale Situationen, Diskussionen und Filme.

## AUSWERTUNG

Bitte tragen Sie in die Kästchen ein, wie viele Punkte Sie bei den entsprechenden Fragen haben. Zählen Sie dann die Werte zusammen.

### A) Neigung zu intuitivem Verhalten

| Fragen | 2 | | 4 | | 6 | | 8 | | 9 | | 12 | | 15 | | 17 | | 18 | | |
|---|---|---|---|---|---|---|---|---|---|---|---|---|---|---|---|---|---|---|---|
| Punkte | ☐ | + | ☐ | + | ☐ | + | ☐ | + | ☐ | + | ☐ | + | ☐ | + | ☐ | + | ☐ | = | ☐ |

### B) Neigung zu reflexivem Verhalten

| Fragen | 1 | | 3 | | 5 | | 7 | | 10 | | 11 | | 13 | | 14 | | 16 | | |
|---|---|---|---|---|---|---|---|---|---|---|---|---|---|---|---|---|---|---|---|
| Punkte | ☐ | + | ☐ | + | ☐ | + | ☐ | + | ☐ | + | ☐ | + | ☐ | + | ☐ | + | ☐ | = | ☐ |

### A) Neigung zu intuitivem Verhalten

**35–45 Punkte** Sie treffen gern Entscheidungen aus dem Bauch heraus. Statt lang zu grübeln, treffen Sie bevorzugt schnelle Entscheidungen und verlassen sich auf Ihr spontanes Gefühl. Wahrscheinlich sind Sie auch besonders offen für Neues, kreativ und ein aktiver, enthusiastischer Mensch, der gern hilfsbereit und kooperativ ist – so haben es zumindest Forschungsstudien bei Personen mit einer Vorliebe für intuitive Entscheidungen gezeigt. Menschen, die intuitiv entscheiden, sind oft auch besonders zufrieden mit ihren Entscheidungen. Dennoch sollten Sie sich bewusst sein, dass intuitive Entscheidungen auch Risiken bergen können, da sie auf Erfahrungen basieren. Diese können in die Irre führen, wenn sie nicht mehr zur aktuellen Situation passen. Zum Beispiel könnte es beim Verhandeln eines Vertrags mit einem örtlichen Versicherungsmakler besser sein, die Sympathie für den Dialekt beiseitezulassen und stattdessen die Konditionen genau zu prüfen.

**24–34 Punkte** Ihre Neigung, Entscheidungen intuitiv zu treffen, ist eher im Durchschnitt angesiedelt. Intuitives Entscheiden ist besonders sinnvoll, wenn es um Dinge geht, die nicht so wichtig sind, oder wenn es zu aufwendig wäre, alle nötigen Informationen zu sammeln, um eine gründliche Entscheidung zu treffen. Bei wichtigeren Entscheidungen sollten Sie jedoch nur dann auf Ihre Intuition setzen, wenn Sie über umfangreiche Erfahrung in dem betreffenden Bereich verfügen und diese Erfahrung tatsächlich anwendbar ist. Jahrzehntelange Erfahrung in einem Unternehmen hilft beispielsweise weniger, wenn gerade eine umfassende Umstrukturierung stattfindet.

**9–23 Punkte** Manchmal vermeiden Sie es, Entscheidungen aus dem Bauch heraus zu treffen, und das ist oft eine kluge Entscheidung. Besonders in neuen und unbekannten Situationen ist es meistens besser, erst einmal nachzudenken, bevor man handelt. Aber wenn Sie sich auf einem bestimmten Gebiet gut auskennen, könnten Sie Ihrer Intuition viel mehr vertrauen, als Sie vielleicht denken. Denn intuitive Entscheidungen sind keineswegs irrational – sie beruhen ebenfalls auf Denken, auch wenn dieses unbewusst abläuft. Tatsächlich haben verschiedene Studien gezeigt, dass bei vielen intuitiven Entscheidungen sogar mehr Faktoren und Details berücksichtigt werden, als wir bewusst wahrnehmen oder in eine überlegte Entscheidung einbeziehen könnten.

## B) Neigung zu reflexivem Verhalten

**38–45 Punkte** Sie denken gern intensiv über Ihre Handlungen nach und investieren viel Zeit in die Planung zukünftiger Ereignisse. Bei Entscheidungen verlassen Sie sich vor allem auf Ihre Überlegungen und rationale Argumente. Wahrscheinlich tendieren Sie zu Perfektionismus und bevorzugen klare, strukturierte Situationen – bei Entscheidungen möchten Sie stets das Beste herausholen. Forschungen zeigen, dass „Nachdenker" besonders zufrieden mit ihrer Wahl sind, wenn sie diese reflektiert getroffen haben. Wenn eine solche wohlüberlegte Entscheidung negativ ausfällt, empfinden sie weniger Bedauern als bei einer Entscheidung, die sie intuitiv getroffen hätten.

**27–37 Punkte** Ihre Neigung, Entscheidungen durch Nachdenken zu treffen, ist durchschnittlich ausgeprägt. Das hat oft seine Vorteile, denn viele Entscheidungen lassen sich tatsächlich gut durch Nachdenken treffen, andere jedoch weniger. Nachdenken ist besonders dann hilfreich, wenn Sie der Intuition nicht ganz vertrauen können. Überlegen Sie daher, ob Sie sich vielleicht zu sehr von äußeren Eindrücken oder sogar Vorurteilen beeinflussen lassen, die nichts mit der Sache selbst zu tun haben. Ein gutes Beispiel: Der freundlichste Arzt ist nicht zwangsläufig auch der beste.

**9-26 Punkte** Sie denken nicht gern ausführlich über Entscheidungen oder Zukunftspläne nach. Das heißt jedoch nicht zwangsläufig, dass Sie immer aus dem Bauch heraus entscheiden. Möglicherweise neigen Sie eher dazu, Dinge aufzuschieben und zögern endgültige Festlegungen hinaus. Es könnte jedoch hilfreich sein, sich die Vorteile eines reflektierten Nachdenkens bewusst zu machen: So müssen Sie sich weder vollständig auf Ihre Intuition verlassen noch auf das Urteil anderer Menschen. Stattdessen können Sie selbst die nötigen Informationen sammeln und diese objektiv bewerten. Ein Beispiel: Wenn Sie sich für ein neues Notebook entscheiden, ist es selbst für eingefleischte Technik-Fans schwer, ohne Testergebnisse aus einer vertrauenswürdigen Quelle zu beurteilen, welches Gerät wirklich hochwertig ist und ihren Anforderungen entspricht.

# 2
# BAUCH-GEFÜHLE VERSTEHEN

Selbst wenn Ihnen das Testergebnis einen hohen kognitiven Anteil bescheinigt und Sie stark zu reflexivem Verhalten neigen, entscheiden Sie nicht immer rational, sondern oft mit dem Bauch. Diese Erkenntnis führt bei vielen von uns zu Ablehnung, da wir das Gefühl haben, damit Kontrolle über die eigenen Entscheidungen abzugeben. Macht unser automatisches System das denn auch wirklich einwandfrei? Trifft es die richtige Entscheidung? Können wir seinem Spotlight vertrauen? Für die Beantwortung dieser Frage ist es notwendig, zu verstehen, wie der Autopilot eigentlich arbeitet.

## Heuristiken: Schnelle Abkürzungen im Optionendschungel

Unser Autopilot bietet uns also blitzschnell eine Option als Favoriten an. Er kreiert ein Spotlight, eine Option erscheint als heller, besser, attraktiver, angenehmer, vorteilhafter. Im Grunde gibt uns der Autopilot damit ein Vorurteil. Damit meine ich Vorurteil NICHT im Sinn von Abwertung oder Diskriminierung, sondern im wahrsten Sinn des Wortes ein Vor-Urteil, ein Urteil vor dem Urteil, eine Empfehlung. Wir können sagen: „Herzlichen Dank, lieber Autopilot, wie nett von dir, dass du dir die Arbeit gemacht hast, ich spare mir gern die Mühe und folge deinem Rat.“ Wir können aber auch sagen: „Vielen Dank für deine Empfehlung, aber heute denke ich lieber selbst darüber nach. Heute folge ich deinem Rat nicht sofort. Ich entscheide selbst.“

Wie aber kommt der Autopilot zu seinem Vor-Urteil? Hier spielt ein Prinzip hinein, das die Wissenschaft „Heuristiken“ nennt. Das sind einfache Daumenregeln, die uns helfen, schnelle Entscheidungen zu treffen, ohne alles endlos durchdenken zu müssen. Der Vorteil ist klar: Diese mentalen Abkürzungen sparen Zeit und Energie und führen tatsächlich oft zu brauchbaren Ergebnissen. Aber der Haken ist, dass Heuristiken in komplizierten Situationen zu vorschnellen und oft fehlerhaften Urteilen führen können (siehe dazu auch das Kapitel „Achtung Bauch“ zu kognitiven Verzerrungen).

Heuristiken sind also am Werk, wenn wir dieses Spotlight spüren, bei dem sich eine Option einfach besser anfühlt als die andere. Jeder Mensch verwendet Heuristiken für die schnelle Entscheidungsfindung. Um welche Heuristiken es sich genau handelt, kann sehr unterschiedlich sein: viele verschiedene Menschen, viele verschiedene Heuristiken. Jedoch gibt es eine Handvoll Heuristiken, die in fast jedem menschlichen Leben eine Rolle spielen:

### Wiederholung

Mach es wie beim letzten Mal.

Sie gehen wieder ins gleiche Restaurant wie beim letzten Mal.

### Wiedererkennung

Nimm das, was dir bekannt vorkommt.

Im Supermarkt greifen Sie zu einem Produkt, dessen Name Ihnen bekannt vorkommt.

### Aufwandsvermeidung

Wähle die Option mit den geringsten Kosten.

Sie wählen das günstigste Angebot oder auch den kürzesten Weg.

### Nachahmung

Mach es wie die anderen.

Wenn alle im Büro Kaffee trinken, nehmen Sie sich auch einen.

### Verlustvermeidung

Vermeide Verluste. Riskiere nichts.

Sie behalten eine Aktie, die gefallen ist, um keinen Verlust zu realisieren, in der Hoffnung, dass sie wieder steigt.

### Gegenwartsfokus

Genieße den Moment. Schau nicht auf morgen.

Sie bestellen spontan ein Dessert, obwohl Sie eigentlich keines wollten – „man lebt ja nur einmal".

### Bestätigung

Suche nach Beispielen, die deine Annahme bestätigen.

Sie suchen gezielt nach Informationen, die Ihre Meinung stützen.

### Kosten-Secondbest

Wähle die Option, die nicht die teuerste und nicht die günstigste ist.

Sie kaufen ein Gerät aus dem mittleren Preissegment – nicht das teuerste, aber auch nicht das billigste.

### Vorgabe

Wenn es eine Vorgabe gibt, weiche nicht ab.

In einem Online-Formular ist das Kästchen für den Newsletter bereits angehakt – Sie ändern es nicht.

### Ein Grund reicht

Entscheide anhand des ersten Grundes, der dir einfällt.

Sie entscheiden sich für ein Hotel, weil es „zentral gelegen" ist, andere Kriterien blenden Sie aus.

### Tit for Tat

Ahme in Interaktionen das zuletzt gezeigte Verhalten deines Gegenübers nach.

Jemand hat Ihnen kürzlich geholfen, nun helfen Sie ihm oder ihr im Gegenzug.

### Aktion

Lieber etwas tun als nichts tun.

Wenn eine App nicht sofort lädt, tippen Sie sofort auf „Aktualisieren", anstatt abzuwarten.

### 1/N-Regel

Verteile deine Ressourcen gleichmäßig auf alle Optionen.

Sie spenden einen Betrag und teilen ihn gleichmäßig auf mehrere Organisationen auf, ohne sich lang mit der Bewertung zu befassen.

Bauchentscheidungen sind also keine rein emotionalen Entscheidungen. Im Gegenteil, unser Bauchgefühl ist aufgrund von unbewusst angewandten Heuristiken regelgeleitet und fundiert.

Unser Autopilot verwendet diese Heuristiken, ohne dass wir etwas davon mitbekommen. Wir sind dabei passiv. Im Gegensatz dazu kann unsere Kommandozentrale Heuristiken aktiv anwenden. Wir können uns ganz bewusst dafür entscheiden, eine Entscheidung mit einer Daumenregel zu treffen. Wenn Ihnen zum Beispiel in der Osteria die Pizzakarte zu lang ist und Sie nicht wissen, was Sie bestellen sollen, könnten Sie aktiv beschließen: Ich nehme das Gleiche wie letztes Mal, nämlich Pizza Diavolo.

### Übung: Heuristiken überall

Die folgende Situation beschreibt ungefähr 30 Minuten im Leben von Alexandra und zeigt haufenweise Heuristiken, die während dieser Zeit angewendet werden. Wie viele finden Sie?

„Kommst du mit zum Mittagessen?", wird Alexandra von ein paar Kollegen gefragt, die an ihrem Schreibtisch vorbeigehen. „Sicher", sagt sie, schließt das Dokument, an dem sie gerade arbeitet, und geht mit ihnen zu den Aufzügen. Die sind jedoch voll, und sie überlegt, die Treppe zu benutzen. Aber die anderen stehen bereits vor dem Lift, also wartet sie auch.

In der Kantine nimmt sie ein Tablett und schließt sich der Schlange an. Es riecht gut. An der Theke holt sie sich wie immer montags eine Portion Schnitzel mit Pommes. Sie kommt an der Salatbar vorbei und nimmt sich einen vorbereiteten kleinen Salat. Eigentlich möchte Alexandra weniger Süßes essen, aber das Tiramisu sieht einfach zu gut aus. Sie nimmt sich eins.

An der Kasse muss Alexandra warten. Sie wirft einen Blick auf ihr Tablett und stellt fest, dass sie noch gar nichts zu trinken hat. Eigentlich möchte sie gern Wasser, aber dafür müsste sie die Warteschlange verlassen. Direkt neben der Kasse gibt es Apfelschorle. Zur Auswahl stehen zwei neue Sorten. Sie entscheidet sich für die Sorte aus der Werbung.

„Los geht's", sagt Alexandras Kollege, während er ihr netterweise Besteck und ein Glas auf ihr Tablett stellt und sich hinter ihr in die Warteschlange stellt. „Verdammt, ich habe meine Karte oben gelassen." „Hier, nimm meine", bietet Alexandra an.

Schließlich setzen sich alle Kollegen an einen Tisch. Nach der Hälfte der Portion ist Alexandra satt. Sie isst trotzdem auf.

Auf dem Weg zurück ins Büro sieht sie ihre Kollegin Eva. Alexandra sagt „Hallo", aber Eva reagiert nicht. „Ist ja klar", denkt Alexandra. „Die grüßt ja nie."

### Auflösung:

Hinweis: Die Lösung ist nicht vollständig oder eindeutig, einige Verhaltensweisen können durch mehrere Heuristiken erklärt werden.

### Wiederholung

- An der Theke holt sie sich wie immer montags eine Portion Schnitzel mit Pommes.

### Wiedererkennung

- Zur Auswahl stehen zwei neue Sorten Apfelschorle. Sie entscheidet sich für die Sorte aus der Werbung.

## Aufwandsvermeidung

- Die Aufzüge sind voll, und sie überlegt, zur Treppe zu gehen. Aber die anderen stehen bereits vor dem Lift, also wartet sie auch.
- Sie kommt an der Salatbar vorbei und nimmt sich einen vorbereiteten kleinen Salat.
- Eigentlich möchte sie gern Wasser, aber dafür müsste sie die Warteschlange verlassen. Direkt neben der Kasse gibt es Apfelschorle.

## Nachahmung

- „Kommst du mit zum Mittagessen?", wird Alexandra von ein paar Kollegen gefragt, die an ihrem Schreibtisch vorbeigehen. „Sicher", sagt sie.

## Vorgabe

- Sie kommt an der Salatbar vorbei und nimmt sich einen vorbereiteten kleinen Salat.

## Tit for Tat

- „Los geht's", sagt Alexandras Kollege, während er ihr netterweise Besteck und ein Glas auf ihr Tablett stellt und sich hinter ihr in die Warteschlange stellt. „Verdammt, ich habe meine Karte oben gelassen." „Hier, nimm meine", bietet Alexandra an.

## Verlustvermeidung

- Nach der Hälfte der Portion ist Alexandra satt. Sie isst trotzdem auf.

### Gegenwartsfokus

- Eigentlich möchte Alexandra weniger Süßes essen, aber das Tiramisu sieht einfach zu gut aus. Sie nimmt sich eins.

### Bestätigung:

- Auf dem Weg zurück ins Büro sieht sie ihre Kollegin Eva. Alexandra sagt „Hallo“, aber Eva reagiert nicht. „Ist ja klar“, denkt Alexandra. „Die grüßt ja nie.“

Vielleicht haben Sie jetzt ein Gefühl dafür bekommen, wie häufig wir tagtäglich Heuristiken für unsere Entscheidungen einsetzen. Man könnte fast das Gefühl bekommen, dass wir in Sachen Entscheidungen eigentlich gar nichts mehr zu tun haben, sondern ständig im Autopilotmodus sind! Entscheiden wir eigentlich noch irgendetwas selbst?

## Vorteile von Heuristiken: Warum Faulheit manchmal genial ist

Heuristiken machen unser Leben leichter. Der Psychologe Gerd Gigerenzer beschreibt diese Leichtigkeit in seinem Buch *Bauchentscheidungen* ausführlich. Durch den Autopiloten werden Entscheidungen schneller, wir sparen sehr viel Zeit und haufenweise Energie. Deswegen ist es verständlich, dass unser Körper versucht, möglichst viele Entscheidungen von der Kommandozentrale (Kopf, rational, bewusst, langsam) an den Autopiloten (Bauch, automatisch, unbewusst, schnell) auszulagern. Der arbeitet einfach effizienter und mühelos. Zeit- und Energieersparnis sind aber nicht der einzige Vorteil von Heuristiken.

Begeben Sie sich einige Zehntausend Jahre zurück in der Geschichte der Menschheit, als noch jede Kalorie zählte und für das Überleben bis zum nächsten Tag benötigt wurde. Damals war es sehr sinnvoll, nicht lang über Vor- und Nachteile einer Entscheidung nachzudenken, sondern Energie zu sparen und sich einfach auf seinen Bauch zu verlassen. Bauchentscheidungen sind also nicht nur schneller, sondern auch überlebenssichernd.

Stellen Sie sich Ihre Ururur...oma Wilma vor, die im Jahr 40.000 v. Chr. durch einen Wald geht, um etwas für das Mitttagessen zu sammeln. Plötzlich entdeckt sie links des Weges Pilze mit braunen Hüten. Die hat sie gestern schon gepflückt, der Familie hat es gut geschmeckt. Rechts des Weges entdeckt sie jedoch eine neue Sorte von Pilzen, die sie noch nie gesehen hat: Sie sehen sehr lecker aus, rot mit hübschen weißen Punkten. Trotzdem greift sie wieder zu den braunen Pilzen. Ganz klar, dass die Heuristik „Wiedererkennung: Nimm, was dir bekannt vorkommt“ für unsere Vorfahren ein Überlebensvorteil sein konnte. So konnten Gene an die nächste Generation weitergegeben werden, und damit bereits angelegte Heuristiken.

Nehmen wir außerdem an, Wilma sitzt gerade in der Familienwohnhöhle gemütlich am Lagerfeuer, als plötzlich alle panisch nach draußen rennen, weil in einer dunklen Ecke ein Säbelzahntiger auftaucht. Es ist sicher eine bessere Idee, ebenfalls schnellstens die Höhle zu verlassen, als sich entspannt zurückzulehnen und eine Pro- und Kontra-Liste anzufertigen, ob Säbelzahntiger denn jetzt eigentlich gefährlich oder doch eher süß sind.

Auch das Befolgen von Regeln, Vorgaben und Verhaltensmustern der Gemeinschaft kann wichtig für das Überleben sein, das eigene ebenso wie das der einzelnen anderen und das der ganzen Gruppe. Stellen wir uns wieder unsere Urahnin in ihrer steinzeitlichen Gemeinschaft vor. Eine der wichtigsten Regeln könnte lauten, dass alle Mitglieder der Gruppe bei Einbruch der Dunkelheit zurück in die Höhle kommen müssen. Diese Regel hat mehrere Gründe:

- Schutz vor Raubtieren: Nachts sind viele Raubtiere auf der Suche nach Beute. Wenn alle Mitglieder der Gruppe gemeinsam in einer Höhle schlafen, entsteht eine Art Schutzraum: Die Anwesenheit mehrerer Menschen kann abschreckend wirken, außerdem können potenzielle Angriffe schneller bemerkt und gemeinsam abgewehrt werden.
- Orientierung und Unfallvermeidung: In völliger Dunkelheit ist die Gefahr groß, sich zu verlaufen, zu stür-

zen oder in unbekanntes Terrain zu geraten. Das gemeinsame Verbleiben in der Höhle reduziert das Risiko solcher Unfälle erheblich. Zudem können Mitglieder der Gruppe im Ernstfall sofort Hilfe leisten, was die Sicherheit jedes Einzelnen erhöht.

- Erhaltung der Wärme: Nachts fallen die Temperaturen oft stark ab. Durch das enge Beisammensein in einer Höhle wird Körperwärme geteilt, wodurch die Umgebung wärmer bleibt und die Gefahr von Unterkühlung deutlich sinkt.

Gehen wir noch einmal zurück zu Tieren, genauer gesagt zu Schlangen: Wenn Wilma pauschal annimmt, dass alle Schlangen gefährlich sind, und entscheidet, die große dicke Schlange, die aus dem Busch auf sie zukriecht, nicht zu berühren, bringt sich Wilma vielleicht um eine interessante Geschichte, die sie abends am Lagerfeuer erzählen könnte. Aber immerhin kann sie aufgrund ihrer Entscheidung abends noch Geschichten erzählen und liegt nicht tot irgendwo in der Wildnis.

Der Blick auf den evolutorischen Vorteil hilft uns auch beim Verständnis eines weitverbreiteten Phänomens: das letzte Stück Pizza aufessen, obwohl wir schon pappsatt sind. Warum tun wir das?

Der israelische Historiker Yuval Noah Harari geht davon aus, dass eben dieses Verhalten früher tatsächlich eine dominante Strategie war. Er beschreibt das in seinem Buch *Sapiens: Der Aufstieg* ausführlich. Ich möchte es Ihnen anhand eines Beispiels erklären: Stellen Sie sich vor, Wilma hat mit ihrer Familie ein Mammut erlegt. Endlich mal wieder Fleisch! Seit Wochen! Sie futtert und futtert, denn wer weiß, wann es wieder Fleisch geben wird. Außerdem könnten andere Tiere versuchen, ihren Teil vom Mammut abzubekommen, oder vielleicht sogar ein anderer Stamm das Fleisch von Wilmas Familie klauen. Und weil es damals keinerlei Formen von Haltbarmachung gab, war es auf jeden Fall eine gute Idee, so viel Fleisch wie möglich zu essen. Heutzutage haben wir einen Kühlschrank, oder Lebensmittel werden durch Zusatzstoffe haltbar gemacht. Trotzdem lassen wir nur äußerst ungern etwas auf unserem Teller übrig, und wenn wir gemütlich vor dem Fernseher sitzen, scheint uns unser Unterbewusstsein deutlich zu sagen, dass es jetzt, in dieser gemütlichen Stimmung, doch sinnvoll wäre, das letzte Pizzastück aufzuessen. Wer weiß, wann es überhaupt jemals wieder Pizza gibt ...

### Übung und Reflexion: Lassen wir den Bauch mal zu Wort kommen

Nehmen Sie sich jetzt ein paar Minuten Zeit für drei einfache, aber aufschlussreiche Fragen:

1. Welche Heuristik(en) wenden Sie oft an?
   Denken Sie an typische Entscheidungssituationen im Alltag – zum Beispiel beim Einkaufen, in Gesprächen, bei der Arbeit: Gibt es Denkabkürzungen wie „Was gestern funktioniert hat, wird heute auch passen“ oder „Wenn es sich gut anfühlt, ist es richtig“?
2. Welche dieser Heuristiken erleichtert Ihr Leben? Warum?
   Manche Faustregeln entlasten uns wirklich – sie sparen Zeit, reduzieren Stress oder schützen uns vor Überforderung. Welche dieser Gewohnheiten tut Ihnen gut, und wie könnten Sie sie noch bewusster einsetzen?

3. Welche Heuristiken könnten Sie noch verwenden, um Ihren Alltag leichter zu machen?
   Denken Sie an jene Heuristiken, die bisher noch keine Rolle in Ihrem Leben spielen und welchen Effekt sie auf Ihre Entscheidungen haben könnten. Oder werden Sie kreativ und denken sich wie Luise im nächsten Beispiel aus der Coaching-Praxis ganz neue Heuristiken aus.

### Aus der Coaching-Praxis: Luise, 42, Projektmanagerin

Als Coach erlebe ich immer wieder, wie kleine gedankliche Abkürzungen im Alltag meiner Klientinnen und Klienten große Wirkung entfalten. Es sind einfache Regeln, die uns helfen, schneller und leichter Entscheidungen zu treffen, ohne jedes Mal das sprichwörtliche Rad neu erfinden zu müssen.

Ein besonders eindrückliches Beispiel ist Luise. Sie ist 42 Jahre alt, Projektmanagerin in einem internationalen Unternehmen, Mutter von zwei lebhaften Kindern und, wie sie selbst sagte, „ständig im Entscheidungsmodus“. Zwischen beruflichen Meetings, Kinderarztterminen, Elternabenden und dem ganz normalen Alltagschaos fühlte sie sich oft wie eine Art Dauerjongleurin – immer mit zu vielen Bällen gleichzeitig in der Luft. „Was soll ich kochen?“, „Was ziehe ich an?“, „Soll ich wirklich zu diesem Event gehen?“ – diese scheinbar kleinen Fragen hatten sich zu einem ständigen inneren Druck verdichtet. Luise war erschöpft, nicht nur körperlich, sondern vor allem mental. Sie hatte das Gefühl, ihre Energie in lauter Kleinkram zu verlieren, während die wirklich wichtigen Dinge zu kurz kamen.

In einem unserer Gespräche begannen wir damit, Heuristiken in ihren Alltag zu integrieren, also einfache, aber effektive Entscheidungsregeln, die Klarheit schaffen und den Kopf entlasten.

Die erste Regel, die sie ausprobierte, lautete: „Wenn es unter fünf Minuten dauert, mach es sofort." Ob es um das Beantworten einer E-Mail ging, das Wegräumen von Geschirr oder das Erledigen kleiner Haushaltsaufgaben – statt sie aufzuschieben oder zu priorisieren, erledigte Luise sie sofort. Die Wirkung war spürbar: Ihr Schreibtisch wurde leerer, ihre Wohnung aufgeräumter, und – viel wichtiger – ihr Geist freier. Der permanente „Erinnerungs-Loop" im Hinterkopf, was noch alles offen war, löste sich zunehmend auf.

Eine zweite Heuristik bezog sich auf ihr Sozialleben, insbesondere auf Einladungen und Verabredungen. Hier galt fortan: „Wenn ich beim Gedanken an die Verabredung keine echte Freude spüre, sage ich ab." Diese einfache Regel half ihr, sich von einem übervollen Terminkalender zu befreien. Sie fühlte sich nicht mehr verpflichtet, überall dabei sein zu müssen, sondern lernte, auf ihre innere Stimme zu hören. Die Folge: mehr Zeit für echte Begegnungen und mehr Raum für sich selbst.

Auch der tägliche Kampf mit den Kindern um das Üben am Klavier wurde durch eine weitere Faustregel erleichtert. Punkt 18:40 Uhr läutete in der Küche ein Wecker, der die Kinder daran erinnerte, sich ans Klavier zu setzen. Keine langen Diskussionen mehr, kein Vergessen. Stattdessen: ein pragmatischer, entspannter Start in den Abend, ganz ohne Streit.

Diese drei scheinbar simplen Heuristiken haben Luises Alltag auf einfache Weise verändert. Nicht, weil sie plötzlich weniger entscheidet, sondern weil sie besser entscheidet. Ihre mentale Energie fließt nun nicht mehr in Kleinigkeiten, sondern in die Dinge, die ihr wirklich wichtig sind: ihre Familie, ihre Arbeit, ihre persönliche Weiterentwicklung.

Genau darin liegt die Kraft guter Heuristiken: Sie schaffen Klarheit, reduzieren Belastung und schenken uns die Freiheit, unsere Energie bewusster einzusetzen.

# 3

# ACHTUNG BAUCH: WENN DAS GEFÜHL DANEBENLIEGT

Bisher haben wir uns darauf konzentriert, die Vorteile von Heuristiken zu sehen, nämlich wie wunderbar sie unseren Alltag vereinfachen und wie froh wir sein können, sie in unserem Leben zu haben. Die unglaubliche Anzahl von 20.000 täglichen Entscheidungen könnten wir ohne Heuristiken nicht bewältigen. Heuristiken haben jedoch auch eine Schattenseite: Sie machen uns anfällig für Fehler.

## Zufällige und systematische Fehler

Wir wissen nun, dass Heuristiken Vereinfachungen sind. Anstatt bei einer Entscheidung die vorliegenden Optionen gründlich zu prüfen, von allen Seiten zu evaluieren, eine Entscheidungsmatrix anzufertigen, Freundinnen und Bekannte zurate zu ziehen und eine Nacht darüber zu schlafen, entscheiden wir einfach aufgrund unseres unterbewussten Spotlights. Und das ziemlich schnell. Das kann zu Fehlern führen, und zwar zu einer besonderen Art von Fehlern: Sie sind systematisch und unterscheiden sich grundsätzlich von zufälligen Fehlern. Fehler, die durch Heuristiken entstehen, sind nämlich verzerrt und somit vorhersehbar. Man kann das sehr gut an einer Zielscheibe illustrieren.

Stellen Sie sich vor, Sie fangen ein neues Hobby an. Sie wollen Bogenschießen lernen. Und weil Sie ja erst anfangen, sind Sie vermutlich noch nicht besonders gut. Deshalb sieht Ihre Zielscheibe nach zehn Schüssen so aus.

Eigentlich gar nicht so schlecht für das erste Mal, aber trotzdem sind Ihre Treffer überall auf der Zielscheibe zu

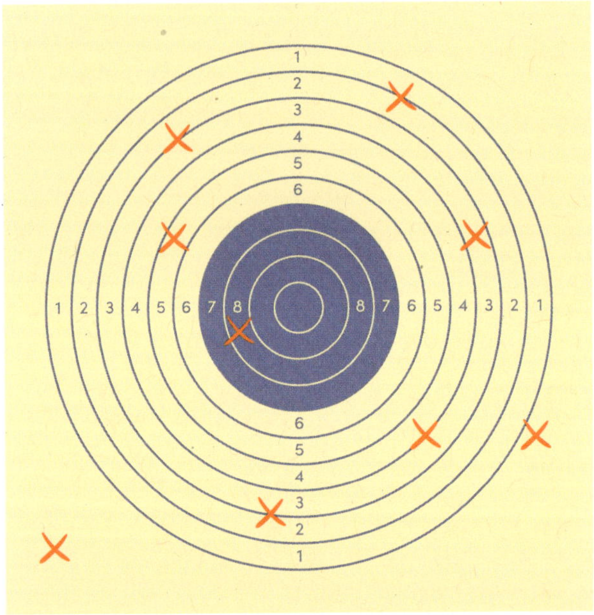
1 2 3 4 5 6
1 2 3 4 5 6 7 8 8 7 6 5 4 3 2 1
6 5 4 3 2 1

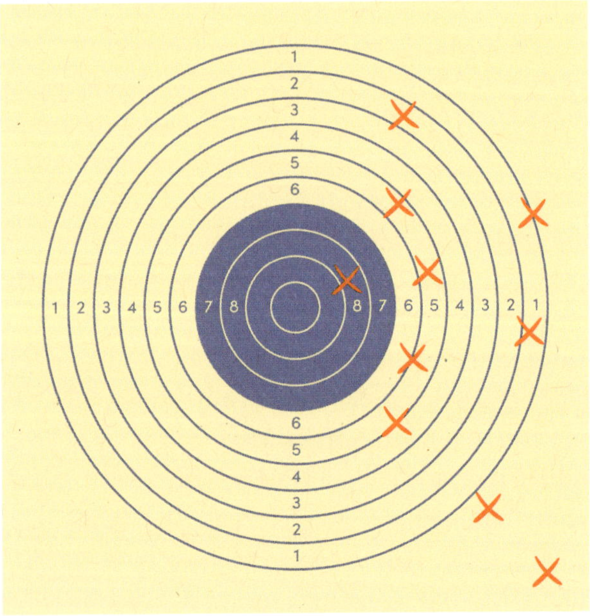
1 2 3 4 5 6
1 2 3 4 5 6 7 8 8 7 6 5 4 3 2 1
6 5 4 3 2 1

finden, bloß nicht in der Mitte. Aber mit einem Treffer sind Sie immerhin nah dran. Insgesamt sind die Fehlschüsse zufällig über die Zielscheibe verteilt.

Ganz anders sehen Zielscheiben aus, wenn ein Bogenschütze systematisch danebenliegt.

Die Entfernung der zehn Versuche zur Mitte ist im Mittel nicht unterschiedlich zur ersten Version. Eines ist jedoch deutlich anders: Die Treffer befinden sich alle auf der rechten Seite. Das kann daran liegen, dass der Schütze schief steht, der Bogen verzogen oder vielleicht der Boden nicht ganz eben ist. Die Konsequenz ist auf jeden Fall, dass die Treffer vorhersehbar werden, weil sie nicht zufällig, sondern systematisch vom Mittelpunkt abweichen.

So ist das auch mit systematischen Fehlern, die bei der Anwendung von Heuristiken passieren: Sie sind absehbar. Systematische Fehler in menschlichen Entscheidungen und menschlichem Verhalten sind vorhersehbar, weil sie aus festen und wiederkehrenden Einflüssen entstehen, wie zum Beispiel aus Denkgewohnheiten, sozialen Regeln oder kulturellen Werten. Wenn man von diesen Mustern weiß, kann man sie erkennen, verstehen und oft auch verbessern: bei sich selbst und bei seinen Mitmenschen.

Wenn Sie wissen, dass Ihre eigenen Entscheidungen verzerrt sind, können Sie diese Verzerrung berücksichtigen. Um beim Beispiel des Bogenschützen zu bleiben, können Sie zum Beispiel absichtlich etwas nach links zielen, wenn Sie wissen, dass Ihre Schüsse nach rechts tendieren.

Wenn Sie wissen, dass die Entscheidungen Ihrer Mitmenschen verzerrt sind (und das sind sie), können Sie dieses Verhalten ebenfalls berücksichtigen, zum Beispiel bei der Erstellung von überzeugenden Präsentationen oder Informationsflyern oder anderen Möglichkeiten der (ja, nennen wir es ruhig beim Namen) Manipulation.

## Kognitive Verzerrungen: Wenn unser Gehirn seine eigenen Filter baut

Wenn wir „körperliche Verzerrungen" haben, gehen wir zum Arzt. Was aber tun, um kognitive Verzerrungen zu heilen? Zu wem gehen wir in diesem Fall? Dazu müssen wir zunächst einmal verstehen, was eine kognitive Verzerrung überhaupt ist. Dazu lade ich Sie zu einem Gedankenexperiment ein („erfunden" hat es Shane Frederick, Professor an der US-amerikanischen Yale University).

Beantworten Sie bitte folgende Frage:

Ein Apfel und eine Banane kosten zusammen 1,10 Euro.
Die Banane kostet einen Euro mehr als der Apfel.
Wie viel kostet der Apfel?

Sie könnten die Antwort jetzt berechnen. Wenn Sie sich konzentrieren und genug anstrengen, werden Sie auf die richtige Lösung kommen. Aber warum sollten Sie? Sie lesen dieses Buch in Ihrer Freizeit, zu Ihrem Vergnügen, da stand auf dem Buchrücken nichts von anstrengenden Rechnungen, also wieso nicht einfach auf das Bauchgefühl hören? Und das Beispiel ist doch eigentlich eine einfache Aufgabe –

rechnen das nicht bereits Kinder in der Grundschule? Das wird das Bauchgefühl schon allein schaffen, oder? Spüren Sie vielleicht sogar ein verlockendes Spotlight? Eine Antwort, die sofort intuitiv richtig erscheint? Lautet die vielleicht „10 Cent"?

Die meisten Menschen, die diesen Test (auch Cognitive Reflexion Test oder kurz CRT genannt; er misst die Fähigkeit, impulsive, intuitive Antworten zu hinterfragen und durch analytisches Denken zu ersetzen) machen, spüren eine innere „Eingebung", 10 Cent als Lösung zumindest einmal in Betracht zu ziehen. 10 Cent ist jedoch falsch. Das können Sie leicht nachprüfen: Wenn der Apfel 10 Cent kostet, und die Banane einen Euro mehr als der Apfel kostet (also 1,10 Euro), dann wären wir insgesamt bei 1,20 Euro. Das kann also nicht stimmen. Die richtige Antwort ist: Der Apfel kostet 5 Cent.

Selbst die Menschen, die korrekt mit 5 Cent antworten, haben oft 10 Cent zumindest einmal gedanklich als Lösung durchgespielt. Es wirkt einfach so logisch und wird herrlich hell vom Spotlight angestrahlt. Aber nicht alles, was hell strahlt, ist der Weisheit letzter Schluss.

## WAS KREIERT NUN DIESES SPOTLIGHT?

Hier ist eine Heuristik am Werk, und zwar eine ganz fundamentale. Unterbewusst benutzen wir die Regel „Löse ein ähnliches, aber einfacheres Problem".

Dabei wird das Rätsel unbewusst zu einem ähnlichen, aber einfacher zu lösenden Rätsel umgeschrieben:

### Original

Ein Apfel und eine Banane kosten zusammen 1,10 Euro.
Die Banane kostet einen Euro mehr als der Apfel.
Wie viel kostet der Apfel?
Korrekte Antwort: 5 Cent

### Vereinfacht

Ein Apfel und eine Banane kosten zusammen 1,10 Euro.
Die Banane kostet einen Euro ~~mehr als der Apfel.~~
Wie viel kostet der Apfel?
Korrekte Antwort: 10 Cent

Der Denkfehler entsteht also durch eine mentale Abkürzung (Heuristik), die das Gehirn nutzt, um Entscheidungen schnell und effizient zu treffen, die in diesem Fall aber zu einem Fehler führt. Damit kommt es zu einer kognitiven Verzerrung, einer systematischen Abweichung im Denken, die Menschen Informationen irrational oder unlogisch wahrnehmen, bewerten oder verarbeiten lässt.

Den Effekt eines täuschenden Spotlights oder eines Denkfehlers kennen wir auch von optischen Täuschungen.

Wir haben hier sofort das Gefühl, dass die jeweils oberen Linien länger sind. Stimmt aber nicht. Wenn wir nachmessen, sehen wir, dass die Linien alle gleich lang sind. Aber sobald wir das Lineal aus der Hand gelegt haben, fühlt es sich wieder so an, als wäre die obere Linie länger.

Nun sind wir zum Glück nicht (alle) tagtäglich mit Rechenaufgaben oder optischen Täuschungen konfrontiert. Trotzdem eignet sich beides wunderbar, um zu illustrieren, dass wir zu impulsiven, intuitiven Entscheidungen neigen. Und das nicht nur bei Rätseln, sondern auch im Alltag. Das

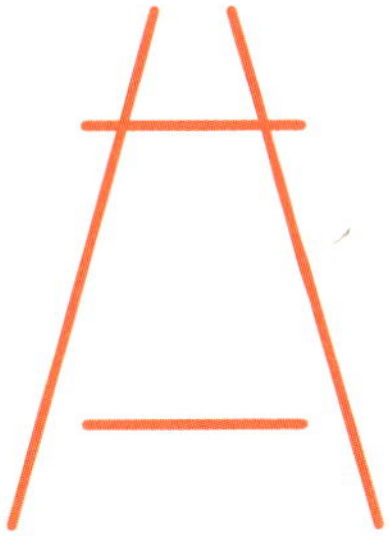

A

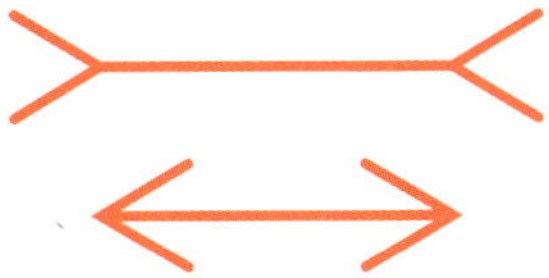

B

Leben ist schließlich schwer genug, warum sollten wir es uns also nicht leichter machen, indem wir Abkürzungen, Vereinfachungen, leichte Wege, Trampelpfade nutzen?

Wenn Ihnen das Apfel-Bananen-Rätsel gefallen hat, habe ich noch ein paar weitere Cognitive Reflexion Tasks (auch diese stammen vom Uni-Professor Shane Frederick). Die Lösungen finden Sie am Ende des Buchs auf Seite 168.

### 1. Das Maschinenproblem

Eine Maschine stellt fünf Geräte in fünf Minuten her.
Wie lang brauchen 100 solcher Maschinen, um 100 Geräte herzustellen?

### 2. Der See mit Seerosen

In einem See wächst eine Kolonie von Seerosen. Jeden Tag verdoppelt sich die Fläche, die sie bedecken. Es dauert 48 Tage, bis der gesamte See bedeckt ist.
Wie lang dauert es, bis die Hälfte des Sees bedeckt ist?

# Die Top-5-Denkfallen: Klassiker, die alle kennen (aber niemand merkt)

Fehler durch mentale Abkürzungen (systematische Fehler) können in den unterschiedlichsten Bereichen des privaten und beruflichen Alltags auftauchen: in Beziehungen, bei finanziellen Entscheidungen, bei Mitarbeiter-Einstellungsprozessen ...

In diesem Kapitel lernen Sie die wichtigsten, weil häufigsten systematischen Fehler kennen.

Wir starten jedes Unterkapitel mit einem kurzen Gedankenexperiment, durch das Sie herausfinden können, ob Sie für diesen Fehler anfällig sind. Sie erfahren auch, wie sich andere Menschen im Experiment verhalten haben. Anschließend lernen Sie alles über Hintergründe, Wirkung und potenzielle Chancen des systematischen Fehlers.

Lassen Sie sich zunächst ganz auf das Experiment ein. Am besten versuchen Sie, unvoreingenommen an die Experimente heranzugehen, so, als hätten Sie die vorhergehenden Seiten nicht gelesen.

## SYSTEMATISCHER FEHLER 1

Stellen Sie sich vor, Sie haben im Lotto gewonnen. Und zwar gleich zwei Millionen Euro! Was wollen Sie mit dem Geld machen? Natürlich anlegen! Am besten in ETFs, also Exchange-Traded Funds (börsengehandelte Indexfonds).

Sie telefonieren mit Ihrer Vermögensberaterin, die kennt Sie gut, Sie sind seit Jahren bei dieser Bank. Sie empfiehlt Ihnen aufgrund Ihrer Risikopräferenzen sechs unterschiedliche ETFs. Sie sagt, sie wären alle gleich gut und perfekt für Sie. Sie empfiehlt, jeweils eine Million Euro pro ETF zu investieren. Sie vertrauen ihr und suchen zwei ETFs aus.

Hier sehen Sie die Kürzel der sechs ETFs. Welche beiden wählen Sie?

| | | |
|---|---|---|
| FAM | RTO | ODEO |
| QJA | KCIM | BELL |

Sie wählen
ETF1: ______ ETF2: ______

### Auflösung und Erklärung

Egal wie unterschiedlich die Teilnehmenden sind, mit denen ich dieses Gedankenexperiment durchführe, von Zehntklässlern über Ingenieure bis zu Investmentbankerinnen: Der meistgewählte Favorit ist stets FAM, ODEO oder BELL. Meistens kommen alle drei ETFs aufs Treppchen. Warum ist das so?

Alle drei Buchstabenkombinationen kommen uns auf irgendeine Weise bekannt vor. Wir denken bei FAM vielleicht an Familie und haben sofort ein wohliges Gefühl. Bei ODEO denken wir vielleicht an Oreo-Kekse (und das Gefühl wird noch wohliger). Und auch BELL kommt uns bekannt vor. Vielleicht erinnert es uns an unseren Hund Bello oder an das englische Wort für Glocke.

Alle drei Favoriten FAM, ODEO und BELL haben wir schon einmal gesehen, gelesen oder ausgesprochen. Dass wir Dinge (oder Buchstabenkombinationen) präferieren, wenn sie uns bekannt vorkommen, nennt man Familiarity Bias (Bias = Verzerrung).

### Familiarity Bias: Kenn ich, mag ich

Stellen Sie sich vor, Sie betreten einen Raum voll fremder Menschen und entdecken plötzlich ein bekanntes Gesicht. Sofort fühlen Sie sich wohler, oder? Das ist der Familiarity Bias in Aktion! Der Familiarity Bias, oder Vertrautheitseffekt, beschreibt unsere Tendenz, Dinge, Personen oder Informationen zu bevorzugen, die uns vertraut sind. Diese Präferenz entsteht oft unabhängig von der tatsächlichen Qualität oder dem objektiven Wert des Vertrauten. Und es gibt sogar einen Mechanismus, der diesen Bias erklärt: der Mere-Exposure-Effekt.

Der Mere-Exposure-Effekt, auch als „Effekt der bloßen Darbietung" bekannt, wurde 1968 erstmals von dem Psychologen Robert Zajonc beschrieben. Er besagt, dass Menschen dazu neigen, (zunächst neutrale) Dinge positiver zu bewerten, je häufiger sie ihnen ausgesetzt sind. Das bedeutet, dass allein die wiederholte Exposition gegenüber einem Reiz – sei es ein Bild, eine Person oder ein Produkt – dazu führt, dass wir diesen Reiz lieber mögen. Durch die wiederholte Exposition wird uns etwas vertraut, und diese Vertrautheit führt dazu, dass wir es bevorzugen.

In einer seiner Studien etwa zeigte Zajonc den Teilnehmenden verschiedene chinesische Schriftzeichen. Diejenigen, die die Zeichen häufiger gesehen hatten, bewerteten sie positiver, obwohl sie keine Ahnung hatten, was sie bedeuteten.

Eine andere Studie untersuchte, wie Menschen auf wiederholte Begegnungen mit neutralen Gesichtern reagieren. Die Teilnehmenden mochten die Gesichter, die sie öfter gesehen hatten, lieber als die, die sie nur einmal gesehen hatten.

Eine weitere Studie zeigte, dass Studierende, die auf demselben Flur im College wohnten, häufiger miteinander befreundet waren als mit Studierenden, die weiter entfernt wohnten. Das erklärt vielleicht, warum wir uns in der Schule oft in den Sitznachbarn oder die Sitznachbarin verlieben – wir sehen ihn oder sie einfach ständig!

Der Effekt funktioniert auch bei Musik. Stellen Sie sich vor, Sie hören im Radio immer wieder denselben Song. Anfangs finden Sie ihn vielleicht nur okay, aber je öfter Sie ihn hören, desto besser gefällt er Ihnen. Diese wiederholte Exposition macht den Song vertraut, und aufgrund des Familiarity Bias bevorzugen Sie ihn schließlich gegenüber anderen, weniger bekannten Songs. Also, wenn Sie das nächste Mal einen Ohrwurm haben, denken Sie daran: Es ist wohl der Mere-Exposure-Effekt, der Ihnen diesen beschert hat!

### Warum ist der Familiarity Bias wichtig?

Das Verständnis der beiden Konzepte Familiarity Bias und Mere-Exposure-Effekt hilft uns zu erkennen, wie unsere Vorlieben und Entscheidungen oft durch Vertrautheit beeinflusst werden anstatt durch objektive Bewertungen. Dies kann in vielen Bereichen unseres Lebens eine Rolle spielen, von der Wahl unserer Lieblingsmarken bis hin zu unseren sozialen Beziehungen.

Der Familiarity Bias kann uns allerdings in vielerlei Hinsicht in die Irre führen. Wenn wir stets das Bekannte bevorzugen, verpassen wir möglicherweise bessere Alternativen. Das kann zu suboptimalen Entscheidungen führen, sei es beim Kauf von Produkten, der Wahl von Nachrichtenquellen oder sogar bei der Auswahl von Freunden oder Mitarbeitenden. Außerdem kann dieser Bias Innovation und Veränderung hemmen, da wir dazu neigen, am Bekannten festzuhalten und Neues zu vermeiden.

### Beispiele für den Familiarity Bias

- Markenpräferenz: Wir greifen oft zu bekannten Marken, selbst wenn uns unbekannte Marken gleichwertig oder besser sind. Das Vertrauen in bekannte Marken gibt uns ein Gefühl von Sicherheit.
- Medienkonsum: Menschen bevorzugen Nachrichtenquellen, die sie kennen und denen sie vertrauen, auch wenn diese Quellen möglicherweise voreingenommen sind. Das kann zu einer verzerrten Wahrnehmung der Realität führen.
- Einstellung von Mitarbeitenden: Arbeitgeber bevorzugen oft Kandidaten oder Kandidatinnen, die ihnen durch Empfehlungen bekannt sind, anstatt objektiv die besten Bewerber oder Bewerberinnen auszuwählen. Dies kann zu einer weniger vielfältigen Belegschaft führen.
- Projektentscheidungen: Teams neigen dazu, bewährte Methoden und Technologien zu bevorzugen, anstatt neue Ansätze auszuprobieren, die möglicherweise effizienter sind.

- Lieferantenauswahl: Unternehmen arbeiten lieber mit bekannten Lieferanten zusammen, selbst wenn neue Anbieter bessere Konditionen bieten könnten.

## Umgang mit dem Familiarity Bias

- Bewusstsein schaffen: Der erste Schritt besteht darin, sich des Bias bewusst zu werden und zu erkennen, wann er unsere Entscheidungen beeinflusst.
- Objektive Kriterien verwenden: Treffen Sie Entscheidungen auf der Grundlage objektiver Kriterien und Fakten, nicht nur aufgrund von Vertrautheit.
- Offenheit für Neues: Suchen Sie aktiv nach neuen Erfahrungen und Informationen, um Ihren Horizont zu erweitern und den Bias zu überwinden.
- Reflexion: Hinterfragen Sie regelmäßig Ihre Entscheidungen und Präferenzen und überlegen Sie, ob sie durch Vertrautheit oder durch objektive Gründe beeinflusst sind.

## Wann kann der Familiarity Bias nützlich sein?

- Vertrauen aufbauen: Der Familiarity Bias kann genutzt werden, um Vertrauen aufzubauen. In Marketing und Werbung kann die wiederholte Exposition gegenüber einer Marke das Vertrauen der Verbraucher und Verbraucherinnen stärken.
- Motivation steigern: Vertraute Routinen und Umgebungen können uns ein Gefühl von Sicherheit und Stabilität geben, was unsere Motivation und Produktivität steigern kann.
- Soziale Bindungen stärken: Der Bias kann helfen, soziale Bindungen zu stärken, da wir uns zu Menschen

hingezogen fühlen, die wir kennen und denen wir vertrauen.

Der Familiarity Bias ist ein natürlicher Teil des menschlichen Denkens. Indem wir uns seiner bewusst sind, können wir seine negativen Auswirkungen minimieren und seine positiven Aspekte nutzen, indem wir gezielte Strategien anwenden.

### Aus der Coaching-Praxis: Stefan, 60, Teamleiter in einer Bank

Stefan kam mit einem ehrgeizigen Ziel zu mir: „Ich möchte mein Team diverser machen." Doch als wir tiefer in die Sache eintauchten, bemerkte ich schnell ein Muster – und es hatte nichts mit seiner Absicht zu tun, sondern mit einer unbewussten „Bequemlichkeit". Stefan stellte nämlich immer wieder neue Leute ein, die ihm verblüffend ähnlich waren – in Alter, Werten und Erfahrung.

„Ich bin doch offen für Veränderung", sagte er stolz, aber die letzten fünf Neueinstellungen sprachen eine andere Sprache. Vier von ihnen waren männlich wie er und hatten ähnliche berufliche Hintergründe. Und die fünfte Person? Sie hatte denselben Lieblingssport.

Das Problem war klar: Stefan war dem Familiarity Bias zum Opfer gefallen. In seinem Fall hieß das: Bei der Auswahl neuer Teammitglieder setzte er intuitiv auf die, die ihm am ähnlichsten waren.

Ich fragte ihn: „Stefan, was denkst du, was dich an den Kandidaten reizt?" Er antwortete ohne Zögern: „Sie verstehen mich einfach. Wir sprechen die gleiche Sprache." Ich grinste und dachte mir: „Klar, du sprichst ja auch die gleiche Sprache wie du selbst."

Wir arbeiteten daran, diesen Bias zu erkennen und bewusst zu durchbrechen. Ich empfahl ihm, bei jeder Einstellung einen „Diversity Check" zu machen: Welche Perspektive bringt dieser Kandidat, diese Kandidatin ein, die das Team noch nicht hat? Stefan fing an, bei den Bewerbungen gezielt auf Unterschiede zu achten – nicht nur bei der Erfahrung, sondern auch in Denkweisen, Hintergründen und Perspektiven.

Und siehe da: Bei der nächsten Einstellung wählte er eine junge Bewerberin aus einer völlig anderen Branche. Es war eine Entscheidung, die sich wie ein kleiner Sprung ins Ungewisse anfühlte. Doch nach ein paar Monaten sagte er stolz: „Die Kollegin hat das Team echt aufgemischt – und ich habe etwas Neues gelernt!"

Stefan merkte, dass echte Diversität nicht nur in der Auswahl von Menschen liegt, sondern auch in der Fähigkeit, seine eigene Komfortzone zu verlassen. „Vielleicht ist es an der Zeit, auch meine eigene Denkweise zu diversifizieren", sagte er lachend. Und so wurde aus einem Ziel, das ursprünglich nur „mehr Vielfalt" beinhaltete, ein echtes Team-Upgrade – dank ein wenig Bewusstsein und einem gezielten Schritt aus der vertrauten Blase.

## SYSTEMATISCHER FEHLER 2

Wie sehr trifft die folgende Beschreibung auf Sie zu?

Sie haben das Bedürfnis, von anderen Menschen gemocht und bewundert zu werden, neigen allerdings zu Selbstkritik. Darüber hinaus besitzen Sie ein beträchtliches ungenutztes Potenzial, das Sie bisher nicht vollständig zu Ihrem Vorteil eingesetzt haben. Obwohl Sie nach außen hin diszipliniert und beherrscht wirken, sind Sie innerlich oft unsicher und sorgen sich. Manchmal zweifeln Sie daran, ob Sie die richtige Entscheidung getroffen haben. Sie sehnen sich nach Veränderung und Abwechslung und fühlen sich unzufrieden, wenn Sie durch Einschränkungen und Grenzen behindert werden. Sie sind stolz auf Ihr unabhängiges Denken und akzeptieren die Behauptungen anderer nicht ohne überzeugende Beweise.

Wie sehr erkennen Sie sich hier wieder? Geben Sie einen Wert in Prozent an (von 0 bis 100).

### Auflösung und Erklärung

Ich habe in dutzenden Seminaren den Teilnehmenden diesen Text vorgelegt und sie nach ihrer Zustimmung gefragt.

Die meisten Menschen stimmen der Beschreibung zu mindestens 75 Prozent zu. Ich kann diesen Durchschnittswert sogar noch steigern, wenn ich vorher die Teilnehmenden nach ihren Sternzeichen frage, um ihnen dann ganz persönlich ihr individuelles Horoskop zu überreichen. (Das ist natürlich fake, alle bekommen denselben Text.) In diesem Fall sind die Zustimmungsraten sogar durchschnittlich bei über 85 Prozent.

Wie kann es sein, dass ein und derselbe Text bei den unterschiedlichsten Menschen dieselbe hohe Zustimmung auslöst?

Stellen Sie sich vor, Ihr Gehirn ist ein Detektiv, der auf der Suche nach Beweisen ist – aber mit einem Twist: Dieser Detektiv will nicht die Wahrheit finden, sondern beweisen, dass er von Anfang an recht hatte. Genau das ist der Bestätigungsfehler: Wir suchen aktiv nach Informationen, die unsere bestehenden Überzeugungen stützen, und ignorieren oder unterschätzen alles, was uns widerspricht. Unser Gehirn liebt es, sich selbst recht zu geben – wer mag es schon, wenn der Detektiv irrt?

Wenn wir also diesen Text lesen (und die Aufgabe ernst nehmen), sind wir auf der Suche nach Zustimmung, nach Bestätigung. Wir suchen Beispiele und Evidenz, um sagen zu können: „Ja, das ist richtig. So bin ich. Gestern erst habe ich Selbstkritik geübt, stimmt also." Dabei vergessen wir häufig, auch nach Gegenevidenz zu suchen, also nach Beispielen, die unsere Annahme widerlegen. Auf der Suche nach Bestätigung begehen wir den Bestätigungsfehler.

### Der Bestätigungsfehler (Confirmation Bias): Recht haben ist so schön

Der Confirmation Bias, oder Bestätigungsfehler, ist eine kognitive Verzerrung, bei der Menschen dazu neigen, Informationen so zu interpretieren, dass sie ihre bestehenden Überzeugungen bestätigen.

In der Wissenschaft wurde der Bestätigungsfehler intensiv untersucht: Peter Wasons Experiment aus dem Jahr 1960 ist ein klassisches Beispiel.

Die Teilnehmenden bekommen eine Zahlenreihe, die aus drei Zahlen besteht, zum Beispiel 2, 4, 6. Ihre Aufgabe ist es, durch Fragen herauszufinden, welche Regel hinter dieser Zahlenfolge steckt. Nehmen wir an, die geheime Regel hinter dieser Zahlenreihe lautet ganz simpel: „Die folgende Zahl muss größer sein als die vorherige."

**Beispiel für den inneren Dialog eines Teilnehmers:**

„Okay, die Zahlenreihe, die ich bekommen habe, lautet 2, 4, 6. Das scheint ein Muster zu sein, bei dem jede Zahl um 2 steigt. Also vermute ich, dass die Regel lautet: ‚Die Zahl erhöht sich immer um 2.' Ich teste das jetzt weiter."

Teilnehmer: „Könnte die nächste Zahl vielleicht die 8 sein?"

Studienleiterin: „Ja, das passt!"

Teilnehmer: „Aha! Und die übernächste Zahl vielleicht die 10?"

Studienleiterin: „Auch das passt."

Teilnehmer: „Okay, ich möchte das lösen. Die Regel ist ‚Die Zahl erhöht sich immer um 2'."

Studienleiterin: „Nein. Das ist falsch."

Teilnehmer: „Doch! Denn die überübernächste Zahl ist doch eine 12, oder?"

Studienleiterin: „Das passt."

Teilnehmer: „Dann ist die Regel doch eindeutig: ‚Die Zahl erhöht sich immer um 2.'"

Studienleiterin: „Nein. Das ist nicht die Regel, die wir suchen."

Teilnehmer: „Das verstehe ich nicht!"

Der Teilnehmer ist sich so sicher, dass er auf dem richtigen Weg ist, dass er lediglich weitere Zahlen ausprobiert, die seine Regel bestätigen. Doch dabei ignoriert er systematisch die Möglichkeit, dass die Regel auch ganz anders lauten könnte, zum Beispiel: „Jede Zahl ist einfach größer als die vorige, unabhängig vom Abstand." Er bestärkt sich selbst darin, dass seine Regel stimmt, ohne zu hinterfragen, ob die Regel wirklich „immer plus zwei" ist oder vielleicht eine ganz andere Struktur verfolgt. Er überprüft keine alternativen Reihenfolgen, die seine Annahme widerlegen könnten.

### Was er nicht überprüft

Der Teilnehmer probiert zum Beispiel keine 9 oder 10 aus, um zu überprüfen, ob Ergänzungen zu „2, 4, 6, 9" oder „2, 4, 6, 10" auch richtig wären. Diese alternativen Lösungen könnten ihm helfen, die wahre Regel zu erkennen: eine wachsende Zahlenreihe mit keinem festen Abstand. Doch statt diese Möglichkeit zu überprüfen, bleibt der Teilnehmer bei seiner Annahme, die gut zu seinen bisherigen Ergebnissen passt.

Diese Denkweise führt dazu, dass der Teilnehmer die tatsächliche Regel nicht entdeckt. Er bleibt bei seiner ersten Hypothese und übersieht die Möglichkeit, dass auch andere, vielfältigere Muster zur Lösung führen könnten. Die wahre Regel bleibt verborgen.

In einer weiteren Studie zur Untersuchung des Confirmation Bias von Charles Lord, Lee Ross und Mark Lepper aus dem Jahr 1979 wurden die Teilnehmenden gebeten, sowohl Pro- als auch Kontra-Argumente zur Todesstrafe zu lesen. Die Forscher wollten herausfinden, ob die Teilnehmenden ihre Meinung ändern würden, wenn sie mit überzeugenden Argumenten konfrontiert würden, die ihrer eigenen Überzeugung widersprachen.

Stattdessen zeigte sich ein interessantes Phänomen: Die Teilnehmenden neigten dazu, ihre bestehenden Überzeugungen zu verstärken. Wenn jemand bereits für die Todesstrafe war, bewertete er die Pro-Argumente als besonders überzeugend und die Kontra-Argumente als schwach und unlogisch. Umgekehrt bewerteten Gegner und Gegnerinnen der Todesstrafe die Kontra-Argumente als stark und die Pro-Argumente als wenig überzeugend.

Dies führte dazu, dass die Teilnehmenden nach dem Lesen der Argumente noch stärker in ihrer ursprünglichen Meinung verankert waren als zuvor. Anstatt offen für neue Informationen zu sein und ihre Meinung möglicherweise zu ändern, suchten sie nach Bestätigung für ihre bestehenden Überzeugungen. Sie interpretierten die Informationen selektiv und bewerteten sie so, dass sie ihre eigenen Ansichten stützten.

Diese Studie verdeutlicht, wie stark der Confirmation Bias unser Denken beeinflussen kann. Selbst wenn wir mit gut durchdachten und logischen Argumenten konfrontiert werden, neigen wir dazu, nur das zu sehen, was unsere bestehenden Überzeugungen bestätigt. Das liegt daran, dass unsere Überzeugungen oft eng mit unserem Selbstbild und unserer Weltanschauung verknüpft sind. Wenn wir mit Argumenten konfrontiert werden, die diesen Überzeugungen widersprechen, fühlen wir uns innerlich angegriffen – nicht nur auf der sachlichen, sondern auch auf der persönlichen Ebene. Um unser Selbstbild zu schützen, ignorieren oder entwerten wir diese Argumente und halten lieber an dem fest, was wir schon glauben. Das macht es besonders schwierig, bei kontroversen Themen wie der Todesstrafe zu einer gemeinsamen Basis zu finden, da jeder seine eigene

„Wahrheit“ sieht und die gegenteiligen Argumente als weniger gültig abtut.

### Warum ist der Bestätigungsfehler wichtig?

Der Bestätigungsfehler spielt uns ständig Streiche, ohne dass wir es merken. Er sorgt dafür, dass wir nur das sehen, was uns in den Kram passt, den Rest behandeln wir, als wäre es langweiliges Kleingedrucktes. Das macht uns zwar kurz glücklich, aber langfristig ziemlich blind und lässt uns immer wieder in einer Sackgasse landen. Wer diesen Denkmechanismus enttarnt, hat eine gute Chance, weniger oft auf die Nase zu fallen – das ist besonders wichtig in Bereichen wie den Naturwissenschaften oder Medizin, wo ein „Ups, falsch gedacht!“ keine Option ist. Und mal ehrlich, keiner von uns will doch als wandelndes Klischee enden, das mit stolzgeschwellter Brust seine Vorurteile pflegt. Wer dem Bestätigungsfehler auf die Schliche kommt, kann klarer denken und sich unnötige Denkfallen ersparen.

### Beispiele für den Bestätigungsfehler

- Ernährung: Sie sind überzeugt, dass eine bestimmte Diät funktioniert. Also suchen Sie online nach Artikeln und Erfolgsgeschichten, die Ihre Meinung bestätigen, und ignorieren Studien, die Gegenteiliges sagen.
- Beziehungen: Sie denken, Ihr Mitbewohner ist ein Chaot. Sie merken sich jede liegen gelassene Socke, ignorieren aber, dass er die Küche perfekt aufgeräumt hat.
- Einkaufen: Sie wollen ein neues Smartphone kaufen und sind sicher, dass Marke A die beste ist. Also lesen

Sie nur Bewertungen, die diese Sicht bestätigen, und blenden negative Kommentare aus.

- Diskriminierung: Eine Person, die glaubt, Frauen seien weniger kompetent in Technik, wird vor allem die Fehler einer Ingenieurin bemerken und diese als Bestätigung ihrer Annahme werten, während sie ähnliche Fehler bei einem Kollegen ignoriert. Das verstärkt die Voreingenommenheit und trägt dazu bei, dass Frauen in technischen Berufen unfair bewertet werden.
- Projektmanagement: Sie sind sicher, dass ein Projekt gut läuft, und suchen nur nach Belegen dafür (zum Beispiel positive Berichte) anstatt nach Anzeichen für mögliche Probleme.
- Personalentscheidungen: Ein Bewerber macht im Vorstellungsgespräch einen guten ersten Eindruck. Danach suchen Sie gezielt nach positiven Aspekten in seinem Lebenslauf und übersehen potenzielle Schwächen.
- Investitionen: Sie sind überzeugt, dass ein bestimmter Markt floriert, und suchen nur nach Nachrichten, die diese Ansicht stützen, ignorieren aber Warnungen vor Risiken.

### Umgang mit dem Bestätigungsfehler

- Bewusst gegenteilige Informationen suchen: Stellen Sie sich aktiv die Frage: Was spricht gegen meine Annahme?
- Debattieren: Laden Sie andere ein, Ihre Ideen zu kritisieren, und hören Sie ihnen wirklich zu.
- Blickwinkel ändern: Anstatt zu fragen: Warum habe ich recht?, fragen Sie: Was würde zeigen, dass ich falschliege?

- Daten unvoreingenommen analysieren: Nutzen Sie objektive Daten und versuchen Sie, sie ohne Vorannahmen zu interpretieren.
- Hypothesen testen: Überlegen Sie, wie Sie Ihre Überzeugung widerlegen könnten, und suchen Sie gezielt nach solchen Beweisen.
- Triggersätze: Es ist schwierig, zu bemerken, wann man den Bestätigungsfehler begeht, oft wird er aber durch Triggersätze und Signalwörter begleitet, zum Beispiel „Hab ich's doch gewusst" oder „schon wieder" oder „nie". Achten Sie auf Ihre Gedanken: Was ist Ihr persönlicher Triggersatz?

## Wann kann der Bestätigungsfehler nützlich sein?

- Motivation steigern: Suchen Sie gezielt nach positiven Beweisen, um Ihre Selbstsicherheit in schwierigen Situationen zu stärken. Ein wenig Bestätigung kann helfen, an sich zu glauben.
- Marketing und Überzeugung: Zeigen Sie Kunden Informationen, die ihre bestehenden Vorlieben bestätigen. Menschen kaufen eher, wenn sie das Gefühl haben, ihre Wahl war richtig.
- Konfliktlösung: Wenn Sie wissen, dass jemand an einer Überzeugung festhält, formulieren Sie Argumente so, dass sie seine Annahmen scheinbar bestätigen, während Sie sie sanft erweitern.

### Aus der Coaching-Praxis: Karl, 48, Software-Entwickler

Karl erschien zum Coaching mit verschränkten Armen, Stirn in leichter Dauerfaltenposition und einer klaren Aussage: „Sie will mich einfach fertigmachen." Gemeint war seine Ex-Frau – und die Betonung auf Ex ließ keinen Zweifel daran, dass hier noch viel „emotionaler Restmüll" in der Luft lag.

Schnell war klar: Da ist der Confirmation Bias am Werk – Karls Gehirn suchte nur noch nach Beweisen, dass sie „gegen ihn" war, und alles, was dagegensprach, wurde entweder ignoriert oder direkt umgedeutet. Wenn sie ihm freundlich schrieb, meinte er: „Sie will mich nur in Sicherheit wiegen." Wenn sie nicht schrieb, sagte er: „Sie zeigt wieder ihr wahres Gesicht." Egal, was sie tat, es passte immer irgendwie ins Bild. Ich fragte ihn: „Glauben Sie, dass sie sich immer gegen Sie stellt?" Er antwortete: „Natürlich. Die Fakten sprechen doch für sich!" Was er meinte, waren fünf Anekdoten aus den letzten zwei Jahren.

Also spielten wir ein Spiel: Ich bat ihn, für jede negative Erinnerung eine positive oder neutrale zu finden. Es wurde still. Sehr still. Dann sagte er: „Na gut, sie hat mir letzte Woche angeboten, den Hund zu nehmen, als ich krank war ..." Ich grinste: Punkt für die Gegenseite.

Wir arbeiteten daran, den Autopiloten in seinem Kopf zu entlarven – diesen inneren Algorithmus, der alles filterte, was nicht in sein Weltbild passte. Ich erklärte ihm: „Der Confirmation Bias ist wie ein verstärkender DJ – er spielt nur die Songs, die zur Stimmung passen, auch wenn es längst Zeit wäre für neue Musik."

Nach ein paar Gesprächen sagte Karl plötzlich: „Vielleicht ist sie gar nicht das Problem. Vielleicht ist es meine Angst, wieder verletzt zu werden." Und da war der Durchbruch.

Heute sagt er: „Ich bin nicht mehr mit meiner Ex verheiratet, aber jahrelang war ich noch mit meiner Meinung über sie liiert." Jetzt arbeitet er daran, sich selbst ein besserer Gesprächspartner zu sein – und lässt auch mal neue Beweise zu. Seine Erkenntnis: Man sieht nur, was man sehen will, aber manchmal lohnt es sich, die Brille abzunehmen.

## SYSTEMATISCHER FEHLER 3

Sie nehmen an einem Experiment zur Untersuchung Ihrer visuellen Wahrnehmung teil. Der Versuchsleiter zeigt Ihnen und den anderen fünf Teilnehmenden drei Linien: eine kurze, eine mittellange und eine lange. Ihre Aufgabe ist es, die Linie zu identifizieren, die genauso lang ist wie die Referenzlinie. Einfach, oder?

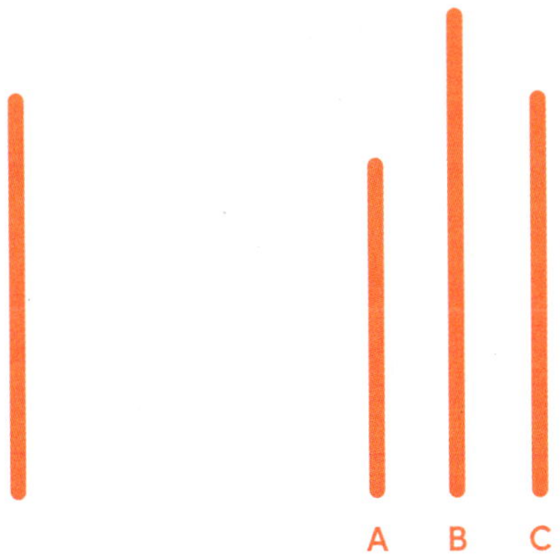

### Auflösung und Erklärung

Zu einfach, oder? Aber hier kommt der Clou: Im Originalexperiment des Psychologen Solomon Asch aus dem Jahr 1951 waren alle anderen in der Gruppe tatsächlich Schauspielende, die von dem Forscher angeheuert worden waren. Und diese Schauspielenden hatten die Aufgabe, absichtlich die falsche Linie zu wählen. Sie sitzen nun also da und denken: „Das ist doch ein Kinderspiel! Die richtige Linie ist C." Aber dann hören Sie, wie einer nach dem anderen dieselbe offensichtlich falsche Linie B auswählt.

Sie beginnen zu schwitzen. „Sehe ich das falsch?", fragen Sie sich. „Haben die anderen vielleicht bessere Augen als ich?" Schließlich sind Sie an der Reihe. Sie wissen, welche Linie die richtige ist, aber der Druck ist groß. Alle anderen haben die falsche Linie gewählt, und Sie wollen nicht der Außenseiter sein. Also sagen Sie zögernd: „Ähm, ich denke, es ist Linie B?" – obwohl Sie genau wissen, dass es Linie C ist.

Das Asch-Experiment zeigt, dass wir oft lieber der Mehrheit folgen, selbst wenn wir wissen, dass sie falschliegt. Es ist ein bisschen so, als ob man in einem Restaurant sitzt und alle bestellen den „Spezialsalat des Hauses", der aussieht wie ein Haufen Gras. Sie wissen, dass Sie lieber einen Burger hätten, aber Sie bestellen trotzdem den Salat, weil Sie nicht der einzige Burger-Esser sein wollen.

Asch hat eindrucksvoll bewiesen, wie schnell und unbewusst wir uns der Mehrheit anpassen, ohne kritisch nach dem Warum zu fragen. Es ist ein humorvolles, aber auch nachdenklich machendes Beispiel dafür, wie soziale Normen entstehen und wie schwer es sein kann, sich ihnen zu widersetzen: Wir folgen der Herde („Herding").

## Herding: Die Gruppe hat immer recht. Oder?

Herding im Verhalten von Menschen bezeichnet das Mitläufertum oder das Herdenverhalten – also, wenn Menschen sich unbewusst oder automatisch dem Verhalten, den Entscheidungen oder Meinungen einer größeren Gruppe anschließen, statt selbstständig zu denken oder zu handeln.

Das Experiment mit dem Titel „Most People Are Sheep" aus der Serie *Brain Games* (zu finden auf YouTube) demonstriert auf unterhaltsame Weise, wie stark wir uns auch außerhalb von Testlaboren von sozialem Druck beeinflussen lassen, selbst wenn das Verhalten der Gruppe keinen Sinn ergibt. Das Experiment beginnt im Wartezimmer einer Augenklinik, in dem eine einzelne Versuchsperson Platz nimmt, ohne zu wissen, dass alle anderen Anwesenden Teil des Experiments sind. Plötzlich ertönt ein Signal, ein kurzer Ton, und die eingeweihten Personen stehen wortlos auf, setzen sich nach kurzer Zeit wieder hin und tun so, als sei das völlig normal.

Die unbeteiligte Versuchsperson schaut zunächst verwirrt, doch bald beginnt sie, das Verhalten der Gruppe zu imitieren, obwohl sie keine Ahnung hat, warum. Überraschenderweise setzt sich dieses Muster auch fort, nachdem alle Eingeweihten den Raum verlassen haben. Die Versuchsperson, nun allein, steht weiterhin bei jedem Signal auf, als hätte sie sich dieser scheinbar bedeutungslosen Regel völlig verschrieben. Noch erstaunlicher wird es, als neue Personen in den Raum kommen: Die Versuchsperson, die zuvor selbst „angesteckt" wurde, gibt das Verhalten an die Neuankömmlinge weiter; alle stehen nach einiger Zeit jedes Mal auf, wenn das Signal ertönt.

### Warum ist Herding wichtig?

Herding ist essenziell für unser Überleben, weil es uns hilft, in unsicheren oder gefährlichen Situationen schnell zu reagieren, ohne alles selbst zu analysieren.

Das sind die zwei Hauptgründe:

- Schnelle Orientierung: Wenn viele Menschen in eine Richtung rennen (zum Beispiel bei Gefahr), folgen wir instinktiv. Das kann Leben retten, weil es weniger aufwendig ist, der Masse zu folgen, als selbst lange über einen Fluchtweg nachzudenken.
- Soziale Sicherheit: Herdenverhalten stärkt den Zusammenhalt. In Gruppen zu handeln, gibt ein Gefühl von Sicherheit und Zugehörigkeit und reduziert das Risiko, allein Fehler zu machen.

Kurz gesagt: Herding hilft uns, in komplexen oder bedrohlichen Situationen gemeinsam zu handeln – ein Überlebensvorteil, der tief in uns verankert ist.

### Beispiele für Herding

- Berufsleben: In einem Meeting schlägt Ihr Kollege eine neue Strategie vor. Zuerst sind Sie skeptisch, aber als Sie sehen, dass alle anderen zustimmen, nicken Sie auch. Sie wollen ja nicht der Außenseiter sein, oder?
- Supermarkt: Sie sind im Supermarkt und sehen, dass alle Leute eine bestimmte Marke von Chips kaufen. Obwohl Sie diese Marke noch nie probiert haben, landet sie in Ihrem Einkaufswagen. Warum? Weil Sie

denken, dass so viele Leute nicht falschliegen können.

- Mode: Ein neuer Modetrend taucht auf und plötzlich tragen alle diese neuen Schuhe oder Jacken. Auch wenn Sie anfangs skeptisch sind, kaufen Sie sich das Trendteil, weil Sie nicht aus der Reihe tanzen wollen.

Sie ahnen es bestimmt schon: Herding kann auch dazu führen, dass wir schlechte Entscheidungen treffen, weil wir der Masse folgen.

In der Wirtschaft kann Herding zu Marktblasen führen: Stellen Sie sich vor, Sie befinden sich auf einem Wochenmarkt. Sie bemerken eine Gruppe von Menschen, die sich um einen Stand versammelt hat. Instinktiv denken Sie: „Da muss es doch etwas Besonderes geben!“ Sie gehen hin, ohne genau zu wissen, was dort verkauft wird. Überraschung: Es sind überteuerte Mangos. Trotzdem kaufen Sie welche. Warum? Herding.

Dieser Mechanismus lässt sich auch auf Finanzmärkte übertragen: Alle kaufen eine Aktie, nicht unbedingt, weil sie den wahren Wert kennen, sondern weil alle anderen es ebenfalls tun. Ein Hype entsteht: „Wenn alle investieren, möchte ich auch etwas vom Gewinn haben!“ Die Preise steigen unaufhörlich, ohne dass der tatsächliche Wert der Aktie mitwächst. Und dann kommt der Moment der Wahrheit: „Moment, diese Aktie ist gar nicht so wertvoll.“ Alle wollen gleichzeitig verkaufen, der Preis fällt dramatisch. Dies ist die Marktblase, die durch Herdenverhalten aufgebläht wird, um schließlich zu platzen.

Auch in den sozialen Medien kann Herding Trends verstärken, die vielleicht sogar schädlich oder gefährlich sind.

Angenommen, Sie scrollen durch Ihren Feed und plötzlich sehen Sie unzählige Posts über ein neues Produkt, das angeblich Ihr Leben verändern wird. Alle posten darüber. Sie fühlen sich unsicher und denken: „Muss ich das jetzt auch haben?“ Und schwupps, das Herdenverhalten greift.

Aber was passiert, wenn dieses Verhalten aus dem Ruder läuft? In den sozialen Medien kann es gefährlich werden, wenn alle gleichzeitig dieselbe Meinung oder das gleiche Produkt hypen, ohne es wirklich zu hinterfragen. Plötzlich kaufen Tausende das Gadget – nicht, weil es ihren Bedürfnissen entspricht, sondern weil alle es tun. Das Problem? Oft sind diese Produkte überteuert, unnötig oder schlichtweg Schrott.

Aber das ist noch nicht alles: Was, wenn in sozialen Medien eine Nachricht oder Meinung verbreitet wird, die nicht auf Fakten, sondern auf Hype basiert? Nehmen wir an, ein neuer Trend verbreitet sich blitzschnell: „Der neue Diättrick ist die Lösung für alle Gesundheitsprobleme!“ Es gibt plötzlich massenhaft Likes und Kommentare, und jeder will diesen Trick ausprobieren. Doch es stellt sich heraus, dass die Diät gesundheitsschädlich oder ineffektiv ist. Der Schaden ist angerichtet – vor allem bei den Menschen, die diesem Trend gefolgt sind, ohne auf die Fakten zu achten.

Herding in sozialen Medien kann eine Lawine von falschen Informationen oder Fehlkäufen auslösen, die nicht nur Geld, sondern auch Vertrauen und im schlimmsten Fall die Gesundheit kosten.

## Umgang mit Herding

- Selbstreflexion: Fragen Sie sich, warum Sie eine Entscheidung treffen. Ist es wirklich Ihre eigene Meinung oder folgen Sie nur der Masse?
- Informationen sammeln: Informieren Sie sich gründlich, bevor Sie eine Entscheidung treffen. Mehr Wissen hilft, unabhängiger zu entscheiden.
- Mut zur eigenen Meinung: Haben Sie den Mut, Ihre eigene Meinung zu vertreten, auch wenn sie von der Mehrheit abweicht. Manchmal ist es gut, der Außenseiter oder die Außenseiterin zu sein.
- Meetings strukturieren: Vermeiden Sie sequenzielle Meinungsabfragen, wenn Sie sich wirklich für die Meinung der Gruppenmitglieder interessieren. Fragen Sie lieber simultan mithilfe von Karten oder einer anonymen Abstimmung.

## Wann kann Herding nützlich sein?

- Marketing: Nutzen Sie den Herding-Effekt, um Produkte zu bewerben. Wenn Sie zeigen können, dass viele Leute Ihr Produkt lieben, werden andere folgen.
- Soziale Medien: Erzeugen Sie FOMO (Fear of Missing Out). Wenn Sie zeigen, dass viele Leute an einem Event teilnehmen oder ein Produkt nutzen, werden andere nicht zurückbleiben wollen.
- Teamarbeit: Nutzen Sie den Herding-Effekt, um positive Verhaltensweisen zu fördern. Gehen Sie mit gutem Beispiel voran und lassen Sie sich nachahmen.
- Meetings strukturieren: Wenn Sie Ihre Meinung durchsetzen wollen, nutzen Sie sequenzielle Mei-

nungsabfragen. Äußern Sie Ihre Meinung zuerst und lassen Sie den Herding-Effekt die Arbeit machen. Sie können den Effekt noch verstärken, wenn Sie den Authority Bias nutzen und eine Autoritätsperson (zum Beispiel die Chefin, die dieselbe Meinung hat wie Sie) zuerst sprechen lassen.

Der Herding-Effekt ist wie ein Squaredance, bei dem wir unbewusst mitmachen. Manchmal führt er uns zu großartigen Entdeckungen, manchmal aber auch in die Irre. Der Schlüssel liegt darin, zu wissen, wann man mit der Menge gehen sollte und wann es besser ist, seinen eigenen Weg zu finden.

### Aus der Coaching-Praxis: Simone, 40, Marketingleitung

Simone, 40, frischgebackene Führungskraft im Marketing, kam zu mir mit einem Problem, das viele junge Führungskräfte nur zu gut kennen: „Ich möchte, dass mein Team selbstständig denkt, aber irgendwie endet alles in Gruppenzwang."

Es war ein klassischer Fall von Herding. Simone beschrieb es so: „Es fängt schon beim Morgen-Meeting an. Wenn einer eine Idee hat, folgen alle mit einem Nicken. Wenn einer sich unsicher ist, ist es plötzlich wie ein kollektiver Zustand der Unsicherheit." Auf meine Frage, warum sie glaubte, dass ihr Team sich so verhielt, antwortete sie seufzend: „Weil sie alle frische Absolventen sind. Sie haben Angst, sich abzuheben." Ihre jungen Mitarbeitenden wollten also nicht negativ auffallen und passten sich deshalb der Gruppenmeinung an, statt eigene Gedanken einzubringen.

Wir analysierten gemeinsam das Verhalten und entwickelten mehrere Ansätze. Einer der ersten Schritte: „Safe Spaces“ für Meinungsvielfalt schaffen – also eine Atmosphäre, in der ausdrücklich erwünscht ist, andere Perspektiven zu äußern. Außerdem schlug ich vor, dass Simone in Meetings nicht mehr als Erste spricht. Stattdessen sollte sie bewusst Stille zulassen, um den Mitarbeitenden Raum für eigene Gedanken zu geben, bevor sich eine Meinung in der Gruppe „festsetzt“.

Doch wir gingen noch einen Schritt weiter: Simone begann, in jedem Meeting zufällig eine Person auszuwählen, deren Aufgabe es war, eine Gegenposition einzunehmen – unabhängig von der eigenen Überzeugung.

Dieser „konträre Mitarbeitende“ hat gleich mehrere Vorteile:

- Psychologische Entlastung: Wer den Advocatus Diaboli spielt, muss keine Angst haben, allein dazustehen – die Rolle legitimiert den Widerspruch.
- Förderung von Perspektivwechseln: Das Team lernt, Argumente aus verschiedenen Blickwinkeln zu betrachten, anstatt sich vorschnell auf eine Lösung zu einigen.
- Normenverschiebung: Mit der Zeit wird es normal, dass Meinungen auseinandergehen dürfen – Diskussion ersetzt Gruppenkonformität.
- Bessere Entscheidungen: Durch gezielte Reibung entstehen fundiertere, ausgewogenere Ergebnisse.

Beim nächsten Team-Meeting setzte Simone die Strategien um. Sie stellte offene Fragen, ließ Denkpausen zu und der „konträre Mitarbeitende" brachte frischen Wind in die Diskussion.

Plötzlich trauten sich auch andere Teammitglieder, eigene Ideen zu formulieren, viele davon überraschend kreativ. Simone spürte, wie das Team langsam aus dem Herdenverhalten herausfand. „Es fühlt sich an, als wären sie endlich zu Personen geworden, nicht nur zu ‚Mitläufern'", sagte sie erfreut. Ein kleiner Schritt für Simone, aber ein großer für ihr Team. Denn wahre Führung bedeutet eben nicht, der Herde den Weg zu zeigen, sondern die Eigenständigkeit jedes Einzelnen zu fördern.

## SYSTEMATISCHER FEHLER 4

Für das folgende Experiment treffen Sie zwei Entscheidungen. Im ersten Szenario entscheiden Sie zwischen A und B und im zweiten zwischen C und D. Am besten merken oder notieren Sie sich Ihre beiden gewählten Optionen: AC oder AD oder BC oder BD. Es gibt keine richtige oder falsche Antwort. Hören Sie einfach auf Ihr Bauchgefühl.

### Szenario I

Stellen Sie sich vor, Deutschland bereitet sich auf den Ausbruch einer ungewöhnlichen Krankheit vor, die schätzungsweise sechs Millionen Menschenleben fordern wird. Zwei alternative Programme zur Bekämpfung der Krankheit wurden vorgeschlagen.

Bei Programm A werden zwei Millionen Menschen gerettet.

Bei Programm B werden mit einer Wahrscheinlichkeit von 1:3 sechs Millionen Menschen gerettet, mit einer Wahrscheinlichkeit von 2:3 wird kein Mensch gerettet.

Entscheiden Sie sich für A oder B?

### Szenario II

Stellen Sie sich vor, Deutschland bereitet sich auf den Ausbruch einer ungewöhnlichen Krankheit vor, die schätzungsweise sechs Millionen Menschenleben fordern wird. Zwei alternative Programme zur Bekämpfung der Krankheit wurden vorgeschlagen.

Bei Programm C werden vier Millionen Menschen sterben.

Bei Programm D besteht eine Wahrscheinlichkeit von 1:3, dass niemand stirbt, und eine Wahrscheinlichkeit von 2:3, dass sechs Millionen Menschen sterben.

Entscheiden Sie sich für C oder D?

### Auflösung und Erklärung

Erinnern Sie sich noch an Kahneman und Tversky, die beiden Verhaltensökonomen aus dem ersten Kapitel? Hier begegnen wir ihnen wieder. Szenario I und II stammen aus ihrer Forschung.

Bevor wir uns die für dieses Experiment typischen Ergebnisse ansehen, analysieren wir die Szenarien einmal. Vielleicht haben Sie es bemerkt: Die Optionen A und C (sowie B und D) und deren Konsequenzen sind gleich, nur die Formulierung oder der Blickwinkel (in der Wissenschaft sagt man auch *framing*) sind unterschiedlich.

Für die Anzahl an Toten spielt es keine Rolle, ob von sechs Millionen Menschen zwei Millionen gerettet werden (Option A) oder vier Millionen sterben (Option C). Die Konsequenz ist stets ein Verlust von vier Millionen Menschen. Auch Option B und D sind identisch: In beiden Fällen entscheiden Sie zwischen null Toten mit 33 Prozent Wahrscheinlichkeit und sechs Millionen Toten mit 66,66 Prozent Wahrscheinlichkeit.

**Szenario I**

- A Von sechs Millionen Menschen werden zwei Millionen sicher gerettet.
- B Von sechs Millionen Menschen werden mit 33,33 Prozent Wahrscheinlichkeit sechs Millionen gerettet und mit 66,66 Prozent Wahrscheinlichkeit wird niemand gerettet.

**Szenario II**

- C Von sechs Millionen Menschen sterben vier Millionen sicher
- D Von sechs Millionen Menschen stirbt mit 33,33 Prozent Wahrscheinlichkeit niemand und mit 66,66 Prozent Wahrscheinlichkeit sterben sechs Millionen Menschen

**Konsequenz an Toten**

A = C: vier Millionen Tote
B = D: 33,33 Prozent: null Tote
66,66 Prozent: sechs Millionen Tote

Wenn Ihnen das zu mathematisch ist, kein Problem. Fokussieren wir uns darauf, dass die Entscheidungen in den beiden Szenarien sich nicht unterscheiden sollten, denn die Konsequenzen sind ja offensichtlich gleich.

Doch wie entscheiden die Teilnehmenden? Wie haben Sie entschieden?

Wenn Sie AC oder BD gewählt haben, gehören Sie zu der Gruppe von Menschen, die in beiden Szenarien die gleichen Konsequenzen gewählt haben („konsistent"). Entweder fühlten sich die Antworten für Sie „einfach richtig" an oder Sie hatten bereits bemerkt, dass die beiden Szenarien identisch sind.

Wenn Sie jedoch AD gewählt haben, sind Sie Teil der Gruppe, die aufgrund der unterschiedlichen Erzählung (einmal aus dem Blickwinkel von möglichen Gewinnen und einmal von Verlusten) ihre Meinung geändert haben. Diese Gruppe ist in der Regel gut gefüllt und liegt bei einem Anteil von ungefähr 30 Prozent.

Viele Menschen fühlen sich nicht wohl, ein Risiko einzugehen, wenn es um das Überleben von Menschen geht, sind aber bereit, dies zu tun, wenn es um das Vermeiden von sicheren Verlusten geht.

Offensichtlich führt also die Art, wie Situationen beschrieben werden, zu unterschiedlichen Entscheidungsergebnissen: Framing matters. Das heißt, die Umstände bzw. der Rahmen sind bedeutsam. Und: Menschen haben eine große Abneigung gegen sichere Verluste (Verlustaversion). Verlustaversion ist somit ein wichtiger Faktor im menschlichen Entscheidungsverhalten.

### Verlustaversion: Mehr Angst vorm Verlieren als Freude am Gewinnen

Verlustaversion ist ein psychologisches Konzept, das von Daniel Kahneman und Amos Tversky entwickelt wurde. In ihrer bahnbrechenden und mit dem Nobelpreis prämierten *Prospect Theory* aus dem Jahr 1979 zeigten die beiden, dass Menschen Verluste viel stärker empfinden als Gewinne, auch wenn sich der Wert nicht unterscheidet. Das heißt, der Schmerz, 50 Euro zu verlieren, wiegt schwerer als die Freude, 50 Euro zu gewinnen. Evolutionär betrachtet ergibt das Sinn: Unsere Vorfahren mussten Verluste von Ressourcen unbedingt vermeiden, da sie existenzielle Risiken darstellten. Doch in der modernen Welt zeigt sich Verlustaversion auch in Bereichen des Lebens, in denen wir selten bis gar nicht um unser Leben fürchten müssen – die Bandbreite reicht von Beziehungen bis zum Berufsalltag.

Kahneman und Tversky führten eine Reihe von Experimenten durch, um zu untersuchen, wie Menschen Entscheidungen unter Unsicherheit treffen. Ein berühmtes Experiment bestand darin, den Teilnehmenden zwei Szenarien zur Wahl zu stellen:

- Sie können mit Sicherheit 1.000 Dollar gewinnen.
- Es gibt eine 50-prozentige Chance, 2.000 Dollar zu gewinnen, aber auch eine 50-prozentige Chance, nichts zu bekommen.

Obwohl der erwartete durchschnittliche Gewinn beider Optionen gleich ist, entschieden sich die meisten Teilnehmenden für die sichere Variante. Das zeigt, dass Menschen eher risikoscheu sind, wenn es um Gewinne geht.

Ein weiteres Experiment drehte sich um Verluste: Die Teilnehmenden sollten zwischen zwei Optionen wählen:

- Sie können mit Sicherheit 1.000 Dollar verlieren.
- Es gibt eine 50-prozentige Chance, 2.000 Dollar zu verlieren, aber auch eine 50-prozentige Chance, nichts zu verlieren.

Hier tendierten mehr Menschen dazu, die riskante Option zu wählen. Das bedeutet, dass Menschen bereit sind, mehr Risiken einzugehen, um sichere Verluste zu vermeiden. Diese gegensätzlichen Verhaltensmuster legten den Grundstein für die Erkenntnis, dass Verluste psychologisch stärker wiegen als Gewinne – ein Phänomen, das als Verlustaversion bekannt wurde.

### Warum ist Verlustaversion wichtig?

Verlustaversion prägt unser tägliches Verhalten stärker, als wir vielleicht denken. Im Alltag zeigt sich das schon bei simplen Entscheidungen. Stellen Sie sich vor, Sie haben eine Mitgliedschaft im Fitnessstudio abgeschlossen. Doch obwohl Sie kaum noch hingehen, zögern Sie, die Mitgliedschaft zu kündigen. Warum? Weil Sie den Gedanken nicht ertragen, das Geld „verloren" zu haben, das Sie investiert haben. Dieser Mechanismus kann dazu führen, dass wir uns an Dinge klammern, die uns keinen echten Mehrwert mehr bringen.

In Beziehungen ist Verlustaversion oft der Grund, warum wir uns mehr auf das Negative als auf das Positive konzentrieren. Wenn Ihr Partner einmal vergisst, die Spülmaschine auszuräumen, bleibt dieses einmalige Vergessen oft stärker im Gedächtnis als all die Male, die er brav den Geschirrspüler ausgeräumt und alles an den richtigen Platz gestellt hat. Verlustaversion kann also zu unnötigen Konflikten führen, wenn wir uns zu sehr auf das konzentrieren, was fehlt, anstatt auf das, was wir haben.

Auch im Berufsleben beeinflusst Verlustaversion unsere Entscheidungsfindung erheblich. Stellen Sie sich vor, Ihr Team hat eine Idee für ein neues Produkt. Obwohl die möglichen Gewinne groß sind, entscheiden sich viele Teams für die sichere, aber weniger rentable Variante, nur um mögliche Verluste zu vermeiden. Verlustaversion kann Innovation und Wachstum hemmen, wenn wir zu stark an alten Gewohnheiten oder Strategien festhalten. Doch kann Verlustaversion auch unser Glück beeinflussen?

Menschen, die sich zu sehr auf das Vermeiden von Verlusten konzentrieren, erleben oft mehr Stress und Unzufriedenheit. Wer hingegen lernt, Verluste als natürlichen Teil des Lebens zu akzeptieren und sich mehr auf Chancen zu fokussieren, kann eine positivere Lebenseinstellung entwickeln. Das Bewusstsein für Verlustaversion kann uns helfen, bessere Entscheidungen zu treffen. In Beziehungen kann es sinnvoll sein, Dankbarkeit für die kleinen Dinge zu kultivieren, um nicht in die Falle zu tappen, Verluste überzubewerten. Im Beruf können Teams durch klare Zielsetzungen und offene Kommunikation besser mit Verlustangst umgehen.

Kahneman und Tversky und in der Folge viele weitere Wissenschaftlerinnen und Wissenschaftler haben mit ihrer Forschung gezeigt, dass unser Verhalten von tief verankerten psychologischen Mechanismen gesteuert wird. Wenn wir diese Mechanismen erkennen, können wir lernen, bewusster und mutiger zu handeln – ob in der Liebe oder im Berufsleben.

### Beispiele für Verlustaversion

Stellen Sie sich vor, Sie befinden sich in einer langjährigen Beziehung. Ihr Partner oder Ihre Partnerin hat die Angewohnheit, Ihnen jeden Morgen einen Kaffee zu bringen. Nach einiger Zeit wird diese Geste zur Routine und Sie nehmen sie als selbstverständlich hin. Eines Tages bleibt der Kaffee aus. Der Frust über das Fehlen des Kaffees ist nun größer als die Freude, die Sie ursprünglich empfanden, als Sie ihn jeden Morgen erhielten. Dies ist ein klassisches Beispiel für Verlustaversion: Wir gewöhnen uns schnell an positive Routinen, doch ihr Verlust wiegt weitaus schwerer.

Ein weiteres Beispiel ist das Ende einer Beziehung. Häufig bleiben Menschen länger in unglücklichen Beziehungen, weil sie den emotionalen Verlust und die damit verbundene Trauer fürchten – selbst, wenn die Beziehung keine positiven Aspekte mehr bietet. Der Wunsch, Verluste zu vermeiden, kann dazu führen, dass wir in ungesunden Situationen verharren, sogar wenn ein Neuanfang langfristig gesehen besser wäre.

Auch im Berufsleben ist Verlustaversion weitverbreitet. Nehmen wir an, ein Unternehmen bietet seinen Mitarbeitenden einen Bonus von 1.000 Euro, wenn sie ein bestimmtes Ziel erreichen. Diese Aussicht kann zwar motivieren, aber interessanterweise sind viele Mitarbeitende noch stärker motiviert, wenn der Bonus von Anfang an versprochen wird und bei Nichterreichung des Ziels wieder wegfällt. Der Gedanke, etwas zu verlieren, das als sicher galt, ist für viele schwerer zu ertragen als die Aussicht auf einen Gewinn.

Weitere Beispiele:

- **Kleiderschrank ausmisten:** Viele Menschen zögern, ein Kleidungsstück wegzugeben, das sie nie tragen werden, weil sie das Gefühl haben, den Kaufpreis „verloren" zu haben.
- **Verkauf von Aktien:** Anleger neigen dazu, verlustreiche Aktien zu behalten, statt sie zu verkaufen, weil sie den Verlust nicht realisieren wollen, obwohl es finanziell sinnvoller wäre, das Kapital anders zu investieren.
- **Besitzstandswahrung:** Bei Verhandlungen am Arbeitsplatz (zum Beispiel um Gehalt oder Arbeitszeiten) konzentrieren sich viele darauf, nichts zu verlieren, statt mögliche Verbesserungen anzustreben.
- **Verbleib in unglücklichen Situationen:** Ob in einer unglücklichen Beziehung oder einem wenig erfüllenden Job – Menschen bleiben oft, weil sie das bereits investierte emotionale oder zeitliche Engagement nicht aufgeben wollen.

### Umgang mit Verlustaversion

Verlustaversion kann uns das Leben unnötig schwer machen – doch keine Sorge, mit ein paar cleveren Lifehacks kann man sie austricksen. Hier sind zwei Strategien, die Ihnen dabei helfen:

- **Alles hat ein Ablaufdatum:** Machen Sie sich bewusst, dass alles in Ihrem Leben ein Ablaufdatum hat: der morgendliche Kaffee, die Beförderung oder sogar der Lieblingsplatz auf dem Sofa. Indem Sie sich daran erinnern, dass nichts für immer ist, schätzen Sie die

Dinge mehr und nehmen ihren möglichen Verlust gelassener. Plötzlich wirkt der ausgefallene Morgenkaffee nicht mehr wie das Ende der Welt, sondern wie ein spannender Start in etwas Neues (vielleicht gibt's ja heute Tee!).

- Verlust als Gewinndenken: Drehen Sie den Spieß einfach um: Wenn etwas wegfällt, fragen Sie sich, was dadurch gewonnen wird. Sie verlieren den Job? Vielleicht gewinnen Sie Zeit für eine Weiterbildung oder für Ihren Traum, endlich ein Buch zu schreiben. Dieses Umdenken macht Verlust nicht nur erträglicher, sondern gibt ihm auch einen positiven Twist.

### Weitere Strategien, die helfen, mit Verlustaversion umzugehen:

- Das Worst-Case-Szenario durchspielen: Stellen Sie sich das schlimmstmögliche Ergebnis vor – es ist meist viel weniger schlimm, als Sie zuerst dachten.
- Sich für kleine Risiken belohnen: Jede mutige Entscheidung, auch wenn sie klein ist, verdient eine Belohnung – das trainiert Ihr Gehirn, Risiken mit Freude zu verknüpfen.
- Freunde als Berater einsetzen: Bitten Sie eine neutrale Person um Feedback – oft hilft ein Perspektivwechsel, den eigenen Verlustschmerz zu relativieren.
- Den Fokus auf das Lernen legen: Verluste als Lernmomente sehen – wenn Sie sich auf den Fortschritt konzentrieren, wird der Verlust zum Teil einer Erfolgsgeschichte.

## Wann kann Verlustaversion nützlich sein?

Verlustaversion ist aber nicht nur eine mentale Hürde, sie kann auch ein wertvolles Werkzeug sein, das Ihnen im Leben oder im Umgang mit anderen helfen kann:

- **Schutz vor riskanten Entscheidungen:** Verlustaversion sorgt dafür, dass wir Risiken sorgfältiger abwägen. Wenn Sie zum Beispiel überlegen, in eine unsichere Geschäftsidee zu investieren, erinnert Ihre Verlustaversion Sie daran, sich gut vorzubereiten und fundierte Entscheidungen zu treffen. Das schützt vor unnötigen Enttäuschungen und sorgt für mehr Stabilität.
- **Beziehungen bewusster wertschätzen:** Wenn Sie sich der Möglichkeit bewusst sind, jemanden zu verlieren, schätzen Sie diese Person mehr. Diese Einsicht kann dazu führen, dass Sie sich in Beziehungen mehr Mühe geben, regelmäßige Wertschätzung zeigen und Konflikte frühzeitig klären, bevor sie eskalieren.
- **Motivationsbooster:** Wussten Sie, dass Verlustangst auch ein Antrieb sein kann? Wenn Sie beispielsweise ein Fitnessziel verfolgen, könnte der Gedanke, Ihren bisherigen Fortschritt zu verlieren, Sie motivieren, konsequenter dranzubleiben. Verlustaversion verwandelt sich hier in einen mentalen „Weitermachen!"-Ruf.
- **Bessere Verhandlungsführung:** Im Umgang mit anderen – sei es im Job, mit der Familie oder mit Freunden – können Sie Verlustaversion als taktisches Werkzeug nutzen. Wenn Sie einem Team einen Vorteil in Aussicht stellen, der verloren gehen könnte, falls es eine

Aufgabe nicht rechtzeitig erledigt, ist die Motivation oft größer als bei einer Belohnung für Erfolg. Das Prinzip „Verliere nichts, das du schon fast hast" funktioniert verblüffend gut!

- Selbstschutz vor Überforderung: Manchmal bewahrt uns Verlustaversion davor, zu viele Dinge gleichzeitig zu riskieren. Sie kann uns helfen, unsere Grenzen zu erkennen und Prioritäten zu setzen. Wer alles riskiert, läuft Gefahr, zu viel zu verlieren – Verlustaversion schützt uns davor, uns zu übernehmen.

### Aus der Coaching-Praxis: Claudia, 38, Assistentin der Geschäftsführung

Manche Coachings fühlen sich an, als würde ich beim Umzug helfen – nicht mit Kisten, sondern mit Gedanken, Gefühlen und festgefahrenen Überzeugungen. Claudia, 38, war beruflich erfolgreich, schlagfertig und mit einem Humor gesegnet, der mich immer mit großer Vorfreude auf unsere Gespräche ins Coaching gehen ließ.

Aber sie steckte in einer Beziehung fest, die ihre besten Tage längst hinter sich hatte. „Es ist nicht so, dass es furchtbar wäre – es ist einfach ständig kompliziert", sagte sie gleich zu Beginn. Was meistens heißt: „Ich weiß, dass es nicht gut ist, aber ich hänge trotzdem drin."

Je tiefer wir eintauchten, desto klarer wurde: Claudia litt unter Verlustaversion. Nicht im klassischen „Ich will mein Geld nicht verlieren"-Sinn, sondern auf emotionaler Ebene. Der Gedanke, ihren Partner zu verlassen, fühlte sich an, als würde sie ein riesiges emotionales Investment wegwerfen. Sie sprach von den sieben gemeinsamen Jahren, der gemeinsam gekauften Couch, der Spotify-Playlist mit „ihren Liedern“. Dinge, die sie – so glaubte sie – nicht loslassen konnte, weil sie sonst verloren gingen. Ich fragte sie: „Wenn du heute ganz neu starten könntest, würdest du dich noch mal für ihn entscheiden?“ Sie lachte trocken und sagte: „Ich würde ihn auf Tinder nach rechts wischen und dann das Handy aus dem Fenster werfen.“

Wir begannen, die Idee umzudrehen: Was verliert sie jeden Tag, an dem sie bleibt? Energie. Selbstvertrauen. Zeit. Der Preis fürs Festhalten war inzwischen höher als der Schmerz des Loslassens. Ich schlug vor, eine Liste zu machen: links die Dinge, die sie durch die Trennung verlieren würde, rechts, was sie gewinnen könnte. Sie schrieb links zögerlich „Zweisamkeit“ und „Vertrautheit“, aber rechts standen irgendwann „Freiheit“, „Lebensfreude“ und „keine Kompromisse mehr machen müssen“.

In einer Sitzung sagte sie plötzlich: „Weißt du was? Ich glaube, ich bin nicht traurig über ihn – ich bin traurig über die Idee, was hätte sein können.“ Ich hätte am liebsten geklatscht.

Zwei Wochen später schrieb sie mir: „Ich habe Schluss gemacht. Es war schlimm. Und richtig. Ich habe mir Sushi bestellt, die Playlist gelöscht und eine neue Couch gekauft. In Grau-Rosé.“ Und ich dachte mir: Verlustaversion schön und gut, aber das Leben hat manchmal einfach Besseres im Angebot, wenn man endlich dafür Platz macht.

## SYSTEMATISCHER FEHLER 5

Machen wir ein Gedankenexperiment:

Frage eins: „Wenn Sie dieses Buch zu Ende gelesen haben, möchten Sie dann ein Stück Obst oder ein Stück Schokolade essen?"

Frage zwei: „Möchten Sie JETZT ein Stück Schokolade oder ein Stück Obst?"

### Auflösung und Erklärung

Die meisten Menschen wählen bei Frage eins das Obst – schließlich ist es gesund, und mit etwas zeitlichem Abstand neigen wir zu rationaleren Entscheidungen.

Bei Frage zwei entscheiden sich viel mehr Menschen für die Schokolade. Der Grund? Die sofortige Versuchung, sich etwas zu gönnen, kann oft die langfristige Überlegung übertrumpfen, gesund zu essen, weil unser Gehirn in vielen Situationen stärker auf den unmittelbaren Genuss reagiert als auf die abstrakten Vorteile, die uns eine gesunde Ernährung auf lange Sicht bietet. In Momenten der Entscheidung, etwa beim Blick auf eine verlockend süße Schokolade oder ein schnelles Fast-Food-Gericht, erleben wir eine schnelle Belohnung in Form von Geschmack und Zufriedenheit. Diese kurzfristige Erfüllung stimuliert das Belohnungssystem in unserem Gehirn und lässt uns die langfristigen Konsequenzen – wie zum Beispiel Gesundheitsprobleme oder das Verfehlen von Fitnesszielen – vorübergehend vergessen. Wir sind Richtung Gegenwart („Present") verzerrt, die Wissenschaft spricht vom Present Bias.

## Present Bias: Ich bin geduldig, aber nicht heute

Der Present Bias, auch als Gegenwartsverzerrung bekannt, ist ein psychologisches Phänomen, bei dem Menschen dazu neigen, sofortige Belohnungen gegenüber zukünftigen Belohnungen zu bevorzugen – selbst, wenn die zukünftige Belohnung objektiv größer oder besser (oder gesünder) ist: Warum also nicht heute die fancy Sneakers kaufen und erst morgen ans Sparen denken? Menschen stellen oft kurzfristige Gelüste über langfristige Ziele, das haben Studien zur ökonomischen Theorie der Selbstkontrolle von Richard Thaler und Hersh Shefrin (1981) gezeigt. Sie wiesen nach, dass Menschen oft ein großes Selbstkontroll- oder Impulskontrollproblem haben.

In Sachen Impulskontrolle gibt es ein berühmtes Experiment aus den 1970er-Jahren, das sogenannte Marshmallow-Experiment: Der Psychologe Walter Mischel und sein Team setzten ein Kind allein in ein Zimmer und legten ihm ein weiches, verführerisch duftendes Marshmallow vor die Nase. Die Experimentleiterin sagte: „Wenn du das Marshmallow nicht isst, bis ich zurück bin, bekommst du ein zweites! Aber wenn du es vorher isst, bekommst du kein zweites Marshmallow." Einige Kinder reagierten sofort – sie stopften sich das Marshmallow in den Mund, noch bevor sich die Tür hinter der Wissenschaftlerin geschlossen hatte. Andere Kinder versuchten, dem Drang zu widerstehen. Sie schauten weg, summten Lieder oder setzten sich auf ihre Hände, um das Marshmallow nicht anzufassen. Ein Kind schnüffelte sogar sehnsüchtig daran, als ob ihm der Geruch durch die Wartezeit helfen würde.

Das Experiment zeigt charmant, wie schwer es ist, der Versuchung der Gegenwartsverzerrung zu widerstehen – selbst bei simplen Dingen wie fluffigen Süßigkeiten. Manchmal sind wir alle ein bisschen wie diese Kinder: Grundsätzlich können wir schon warten und sind geduldig. Aber nicht heute. HEUTE wollen wir JETZT SOFORT das Marshmallow.

Die Ergebnisse des Marshmallow-Experiments gehen tatsächlich weit über Süßigkeiten hinaus. Sie zeigen, wie unsere Fähigkeit, auf Belohnungen zu warten, viele Bereiche unseres Lebens beeinflussen kann – darunter Finanzen, Gesundheit und Karriere. Die Kinder wurden nämlich nach dem Experiment mit Langzeitstudien begleitet. Jene, die es schafften, auf das zweite Marshmallow zu warten, hatten später seltener Übergewicht, rauchten seltener, hatten bessere Schulnoten und häufiger einen höheren Bildungsabschluss.

Die Neigung, das Jetzt zu bevorzugen, hat tiefe evolutionäre Wurzeln. In der Urzeit war es klug, die Beere zu essen, die man gefunden hatte – schließlich könnte ein hungriger Vogel unsere Pläne durchkreuzen und sich die Beere vor uns schnappen! Der US-amerikanische Ökonom David Laibson beschrieb 1997 den Zusammenhang zwischen evolutionären Impulsen und modernen Entscheidungsprozessen sehr anschaulich und prägte den Begriff Hyperbolic Discounting. Er bezeichnet die Neigung von Menschen, zeitlich näher liegende Gewinne späteren vorzuziehen. Was mitunter den Nachteil hat, dass man eben diese Entscheidungen unter den gleichen Bedingungen in der Zukunft nicht getroffen hätte. Unser Gehirn ist aber auf „Jetzt" programmiert.

### Warum ist der Present Bias wichtig?

Der Present Bias ist deshalb so bedeutend, weil er tief in unserem Entscheidungsverhalten verwurzelt ist und offensichtlich nahezu alle Lebensbereiche beeinflusst. Kurz gesagt: Er bestimmt, ob wir langfristig erfolgreich sind oder ob kurzfristige Verlockungen uns immer wieder von unseren Zielen abbringen. Dieses psychologische Phänomen zu verstehen, ist ein erster Schritt, um bessere Entscheidungen zu treffen, sei es im Alltag, in der Karriere, bei Finanzen oder in Beziehungen.

### Beispiele für den Present Bias

- Finanzen: Sofortiger Konsum versus sparen
  Sie möchten für den Ruhestand oder ein bestimmtes Ziel sparen, aber immer wieder kommen spontane Ausgaben dazwischen – das neue Handy, ein schickes Paar Schuhe oder ein feiner Restaurantbesuch. Warum? Weil die Belohnung des sofortigen Kaufs viel greifbarer ist als der entfernte Nutzen eines gut gefüllten Sparkontos in zwanzig Jahren. Wenn wir uns vom Present Bias leiten lassen, riskieren wir langfristig finanzielle Unsicherheit. Deshalb ist es so wichtig, sich dieser Tendenz bewusst zu werden und Mechanismen zu entwickeln, die das Sparen erleichtern, wie automatische Abbuchungen oder feste Budgets.
- Gesundheit und Fitness: Ziele auf lange Sicht
  Der Present Bias kann auch Ihre Gesundheitsziele durchkreuzen. Nehmen wir an, Sie möchten abnehmen oder fitter werden. Auf dem Weg zur Arbeit kommen Sie an einer Bäckerei vorbei und der Duft frisch gebackener Croissants ist unwiderstehlich.

Obwohl Sie wissen, dass der Genuss des Croissants Ihren Fitnessfortschritt behindert, erscheint die sofortige Befriedigung plötzlich viel wichtiger als das langfristige Ziel. Hier zeigt sich die wahre Macht des Present Bias: Er verlockt uns, kurzfristige Gelüste über langfristige Pläne zu stellen. Doch wer ihn erkennt, kann gegensteuern – zum Beispiel durch das Vorbereiten gesunder Snacks oder das bewusste Setzen von kleinen Zwischenzielen.

- Karriere: Weiterbildung oder Komfortzone?
  Auch beruflich spielt der Present Bias eine große Rolle. Viele Menschen wissen, dass sie sich weiterbilden sollten, um in ihrer Karriere voranzukommen. Doch stattdessen entscheiden sie sich dafür, nach der Arbeit auf der Couch zu entspannen, weil die sofortige Erholung verlockender ist als der Aufwand, etwas Neues zu lernen. Der Present Bias kann uns hier in der Komfortzone halten und die Chancen auf langfristigen Erfolg mindern. Wer diesen Mechanismus erkennt, kann sich bewusste Routinen schaffen und die Weiterbildung in kleine, machbare Schritte unterteilen.
- Beziehungen: Sofortige Konfliktvermeidung versus langfristige Harmonie
  Im zwischenmenschlichen Bereich kann der Present Bias dazu führen, dass wir Konflikte meiden, um im Moment Ruhe zu haben, anstatt wichtige Themen offen anzusprechen. Langfristig kann das jedoch zu Unzufriedenheit oder Missverständnissen führen. Wer den Present Bias erkennt, ist eher bereit, kurzfristige Unannehmlichkeiten in Kauf zu nehmen, um

eine gesunde und ehrliche Kommunikation aufzubauen.

### Umgang mit dem Present Bias

Der Present Bias ist ein natürlicher Teil unseres Denkens, aber das bedeutet nicht, dass wir ihm ausgeliefert sind. Wenn wir verstehen, warum wir uns so oft für den kurzfristigen Gewinn entscheiden, können wir bewusst gegensteuern und unser Verhalten langfristig in Richtung unserer Ziele lenken. Dieses Wissen ist der Schlüssel zu einem selbstbestimmteren und erfüllteren Leben. Nutzen Sie diese Erkenntnis, um heute die Weichen für Ihre Zukunft zu stellen!

Gegenwartsverzerrung ist jedoch nicht nur schlecht. Sie sorgt dafür, dass wir den Moment genießen: Kuchen, Netflix, Reisen – alles sofort und ohne Aufschub! Aber leider kann sie auch dazu führen, dass wir wichtige langfristige Ziele aus dem Fokus verlieren. Deshalb entwickeln Verhaltensökonominnen wie zum Beispiel Katy Milkman Werkzeuge wie „Verpflichtungsgeräte" (engl. *commitment devices*), die uns zwingen, zukünftige Ziele ernster zu nehmen. Eine solche Technik ist zum Beispiel, das Fitnessstudio im Voraus zu bezahlen, um sich selbst zu motivieren. Oder wir können Belohnungen staffeln, das ist eine der effektivsten Methoden, um den Present Bias zu überwinden. Das funktioniert folgendermaßen:

Wenn Sie ein großes Ziel erreichen möchten, zum Beispiel regelmäßig Sport treiben oder langfristig sparen, wirkt das Endziel oft so weit entfernt, dass die Motivation auf halbem Weg verloren geht. Der Present Bias lässt uns glauben, dass der Aufwand im Moment nicht lohnend ist.

Um dem entgegenzuwirken, können Sie das große Ziel in Zwischenziele unterteilen und für jedes Zwischenziel eine kleine Belohnung einplanen.

Wie könnte das am Beispiel Fitness aussehen? Sie möchten in sechs Monaten fünf Kilogramm abnehmen und gleichzeitig muskulöser werden. Das kann ein entmutigendes Ziel sein, weil die sichtbaren Ergebnisse Zeit brauchen. Statt nur auf das Endergebnis zu schauen, setzen Sie sich wöchentliche oder monatliche Zwischenziele wie „Diese Woche drei Trainingseinheiten absolvieren" oder „Einen Monat lang keinen Zucker". Sobald Sie ein Ziel erreicht haben, können Sie sich eine kleine, aber attraktive Belohnung gönnen, etwa ein neues Sportoutfit oder einen Wellnesstag. Diese kleinen Belohnungen wirken wie kurzfristige Gewinne, die dem Gehirn zeigen, dass sich die Bemühungen lohnen.

Auch im Bereich Finanzen können gestaffelte Belohnungen Wunder wirken. Stellen Sie sich vor, Sie sparen monatlich einen festen Betrag. Statt erst nach mehreren Jahren eine große Belohnung einzuplanen, könnten Sie bei Erreichen jedes Meilensteins ein kleines Goodie einbauen – etwa ein schönes Abendessen, einen Tagesausflug oder ein neues Buch. Dadurch bleibt das Sparen motivierend, ohne dass Sie das langfristige Ziel aus den Augen verlieren.

Ein weiterer Vorteil dieser Strategie ist, dass sie das Vertrauen in die eigenen Fähigkeiten stärkt. Jedes erreichte Zwischenziel und jede Belohnung erinnern daran, dass Sie die Kontrolle über Ihre Entscheidungen haben und langfristig erfolgreich sein können. Je mehr Erfolgserlebnisse Sie sammeln, desto weniger macht Ihnen der Present Bias zu schaffen.

Belohnungen staffeln bedeutet also, das Beste aus beiden Welten zu bekommen: Sie genießen die kurzfristigen Vorteile, ohne die langfristigen Ziele zu opfern. Wenn Sie sich das nächste Mal von einer sofortigen Verlockung ablenken lassen wollen, denken Sie daran, wie gut es sich anfühlt, wenn Sie die nächste Belohnung in greifbarer Nähe haben!

Weitere Ideen:

- Automatisierung: Richten Sie Sparpläne oder automatische Abbuchungen ein – am besten so, dass das Geld direkt nach Gehaltseingang verschwindet, als hätte es sich in Luft aufgelöst. So kommen Sie gar nicht erst in Versuchung, sich plötzlich ganz dringend das achte Paar Sneaker „für den Notfall" kaufen zu müssen. Stellen Sie sich Ihr Konto wie einen Kühlschrank vor: Wenn das Eis ganz hinten versteckt ist, greifen Sie eher zum Apfel vorn. Automatisches Sparen ist genau dieses Versteckspiel, nur mit Geld. Sie tricksen sich selbst aus, bevor Ihr innerer Spontanshopper überhaupt „Klick & Kauf" sagen kann.
- „Zukunfts-Ich" visualisieren: Denken Sie daran, wie stolz Ihr zukünftiges Ich auf Sie sein wird, wenn Sie heute klug und vorausschauend handeln. Diese Vorstellung kann eine echte Motivationsspritze sein – quasi Applaus aus der Zukunft! Statt später zu denken „Hätte ich doch ...", geben Sie sich jetzt selbst die Vorlage für ein „Zum Glück habe ich ...". Es ist wie ein kleiner Gruß an Ihr späteres Ich, verpackt in einer guten Entscheidung. Und mal ehrlich – wer freut sich nicht über ein bisschen Zukunftsstolz?

- Impulse verzögern: Gönnen Sie sich vor spontanen Käufen eine 24-Stunden-Bedenkzeit – das ist wie ein kleiner Realitycheck für Ihr Portemonnaie. Meistens merkt man nach einem Tag, dass man den „superwichtigen" Neontoaster oder das zwölfte Hoodie gar nicht mehr so dringend braucht. Die Anfangseuphorie verpufft oft schneller als der Duft im Parfumladen. Diese kurze Pause schützt Sie nicht nur vor unnötigen Ausgaben, sondern stärkt auch Ihre Selbstkontrolle. Und mal ehrlich – wenn etwas wirklich wichtig ist, wird es auch morgen noch gut sein.

### Wann kann der Present Bias nützlich sein?

Obwohl der Present Bias oft als Schwäche angesehen wird, erfüllt er durchaus nützliche Funktionen. Schließlich sorgt er dafür, dass wir nicht in einer reinen Zukunftsoptimierung versinken, sondern das Hier und Jetzt genießen. In diesem Sinne sollten wir uns freuen, dass er existiert – er macht unser Leben menschlicher, spontaner und manchmal auch einfach lustiger.

- Selbstfürsorge im Alltag: Nach einem stressigen Tag entscheiden wir uns, eine halbe Stunde Netflix zu schauen, anstatt die Steuererklärung anzufangen. Kurzfristig ist das „irrational" – die Steuer muss ja irgendwann trotzdem gemacht werden. Aber diese Pause kann uns die nötige Erholung geben, um später produktiver und entspannter an die Arbeit zu gehen.
- Soziale Beziehungen pflegen: Ein Freund ruft spontan an: „Komm, lass uns auf ein Bier gehen!" Ratio-

nal betrachtet sollten wir vielleicht lernen oder Wäsche waschen. Doch durch den Present Bias sagen wir „Ja!“ – und das spontane Treffen stärkt unsere Freundschaft mehr, als eine perfekt organisierte To-do-Liste es je könnte.

- **Gesundheit hier und jetzt:** Oft wird der Present Bias als Grund genannt, warum wir Sport vermeiden („Morgen fange ich an“). Aber er kann auch in die andere Richtung wirken: Wenn wir uns jetzt für einen Spaziergang entscheiden, weil wir sofort frische Luft und Bewegung genießen wollen, profitieren wir sowohl kurzfristig als auch langfristig. Hier wird die vermeintliche Schwäche plötzlich zu einem Vorteil.

### Aus der Coaching-Praxis: Valentin, 33, Marketing

Valentin weiß genau, dass er für seine Zukunft vorsorgen sollte – ein Notgroschen, Altersvorsorge, vielleicht sogar eine Eigentumswohnung irgendwann. Aber sobald das Gehalt auf dem Konto ist, ist es auch schon wieder weg: spontane Shoppingtrips, Lieferdienste, Technik-Gadgets („Ich brauche diesen neuen KI-Wasserkocher!“).

Im Gespräch mit Valentin wird schnell deutlich: Er weiß theoretisch, was zu tun wäre, aber in der Praxis gewinnt fast immer das „Ich will das JETZT haben“-Gefühl. Als Coach erkenne ich hier ein klassisches Muster des Present Bias: Die kurzfristige Belohnung wirkt so verlockend, dass die langfristigen Ziele in den Hintergrund rücken, obwohl sie ihm eigentlich wichtig sind. Um diesem Muster entgegenzuwirken, entwickelten wir gemeinsam konkrete Strategien, die es ihm leichter machen, die Kontrolle zu behalten – nicht durch reine Willenskraft, sondern durch kluge Strukturen. Eine meiner ersten Empfehlungen lautete: Valentin sollte direkt nach Gehaltseingang einen automatischen Dauerauftrag einrichten, der einen festen Betrag auf ein separates Sparkonto überweist – idealerweise eins, auf das er keinen direkten Zugriff über seine Banking-App hat. Das Ziel: Das Geld soll gar nicht erst „verfügbar" wirken, sondern wie nie da gewesen. Zusätzlich vereinbarten wir eine einfache Regel: Für alles, was mehr als 50 Euro kostet und nicht lebensnotwendig ist, gibt es eine 24-Stunden-Bedenkzeit. Dafür sollte Valentin eine Notiz auf dem Handy anlegen: „Was will ich kaufen? Warum genau? Und brauche ich das wirklich in einer Woche noch?"

Hilfreich ist auch die sogenannte 10-10-10-Regel:

- Wie glücklich macht es mich in 10 Minuten?
- Wie glücklich macht es mich in 10 Tagen?
- Wie glücklich macht es mich in 10 Monaten?

Diese kleinen, aber wirkungsvollen Änderungen halfen Valentin dabei, den emotionalen Autopiloten zu überlisten und Entscheidungen zu treffen, die ihm nicht nur heute ein gutes Gefühl gaben, sondern ihn auch am nächsten Tag stolz machten.

# 4
# ZIELE, HINDERNISSE UND INTERVENTIONEN

Jeder Mensch hat Ziele im Leben. Der eine will gesund leben, der andere möchte sich selbstständig machen, wieder ein anderer möchte ein hervorragender Sportler werden. Keines dieser Ziele ist unerreichbar, und sie haben noch etwas gemein: Zur Erreichung müssen wir etwas tun. Wir müssen uns motivieren, uns anstrengen, Kompromisse eingehen, analysieren etc. Und das ist für viele bereits die erste große Hürde. Denn der Weg zum Ziel kann mühsam sein, wir können Rückschläge erleben oder wir werden abgelenkt. Obwohl wir uns bereits für etwas entschieden haben, nämlich ein bestimmtes Ziel zu erreichen, schaffen wir es nicht, dort anzukommen. Die Hindernisse, die uns im Weg liegen, sind alte Bekannte: Heuristiken.

## Intention-Action-Gap: Die Kluft zwischen Wollen und Tun

Es passiert uns immer wieder, und es ist frustrierend: Wir nehmen uns etwas vor – und handeln nicht entsprechend. Vielleicht wollten Sie heute früher aufstehen, weniger Zeit am Handy verbringen, endlich mit dieser einen Aufgabe beginnen oder abends pünktlich Schluss machen. Doch irgendwie kam wieder etwas dazwischen: Das Bett ist so schön warm, es gibt ein neues Spiel, das Sie unbedingt ausprobieren wollen, das Meeting hat länger als üblich gedauert, eine Kollegin braucht Hilfe und deshalb muss Ihre eigene Aufgabe bis zum nächsten Tag warten.

Dieses Phänomen ist weitverbreitet: Man hat eine klare Absicht, ein Ziel, sogar Motivation, aber wenn es darauf ankommt, bleibt man doch beim Altbekannten, beim Einfacheren, beim Bequemen. Psychologinnen und Psychologen sprechen in diesem Zusammenhang vom sogenannten Intention-Action-Gap: Das ist die Lücke zwischen dem, was wir uns vornehmen, und dem, was wir tatsächlich tun. Spannend ist, dass diese Lücke nicht entsteht, weil wir nicht wüssten, was gut für uns wäre. Im Gegenteil – wir wissen es sehr genau. Wir haben Ziele, wir haben Werte, wir wollen etwas verändern. Aber irgendetwas hindert uns daran, ins Handeln zu kommen. Und dieses „irgendetwas" ist selten klar benennbar.

Vielleicht kennen Sie es aus dem Alltag: Der Vorsatz, gesünder zu essen, bedingt gleichzeitig, sich Zeit fürs Einkaufen und Kochen zu nehmen. Weil wir aber oft weder Zeit noch Lust dazu haben, scheitert unser schöner Vorsatz. Essen müssen (oder wollen) wir jedoch, also greifen wir eben zur Tiefkühlpizza. Der Wunsch, abends zu lesen, wird vom Fernseher übertönt. Oder der Plan, joggen zu gehen, verliert sich in den Weiten eines Videospieles. Auch im Beruf zeigt sich die Lücke häufig. Sie wollen wichtige Dinge priorisieren – aber landen bei Kleinkram. Sie möchten Pausen machen – und arbeiten trotzdem durch. Sie nehmen sich vor, Klartext zu sprechen – und schweigen dann doch. Und so erleben Sie eine ständige Reibung zwischen Anspruch und Wirklichkeit, zwischen Planung und Realität, zwischen dem, wie Sie handeln möchten, und dem, was am Ende tatsächlich passiert.

Was zunächst nach kleinen Alltagsproblemen klingt, hat tiefere Auswirkungen. Denn diese wiederkehrende Diskrepanz hinterlässt Spuren, vor allem emotional. Wenn Sie immer wieder von sich selbst enttäuscht sind, sinkt auf

Dauer Ihr Vertrauen in die eigene Handlungsfähigkeit. Und mit jeder verpassten Umsetzung wächst das Gefühl: Ich müsste anders sein. Organisierter. Disziplinierter. Willensstärker. Konzentrierter. Das schlechte Gewissen wird zum Dauergast, manchmal begleitet von Frust, innerer Unruhe oder dem vagen Gefühl, ständig hinter den eigenen Möglichkeiten zurückzubleiben.

Sie fragen sich vielleicht, warum es Ihnen so schwerfällt, das zu tun, was Sie doch wirklich wollen. Dieses erfolglose Wollen kann auf Dauer zermürben. Dieses Versagen, ein gesetztes Ziel nicht zu erreichen, betrifft nicht nur das Zeitmanagement, es betrifft Ihre Beziehung zu sich selbst. Viele Menschen erleben diese Lücke als stilles Scheitern im Alltag. Ein Scheitern, das für andere unsichtbar ist und das zwar nicht laut ausgesprochen wird, aber trotzdem Wirkung zeigt. Es ist ein Scheitern an sich selbst, an den eigenen Vorsätzen, und das kann sehr unzufrieden, ja sogar unglücklich machen.

Doch je mehr wir uns selbst Druck machen, desto größer scheint die Lücke zu werden. Aus dem Wunsch nach Veränderung wird ein Berg, der immer steiler und steiniger wirkt. Und so kreist man in Gedanken immer wieder um dieselben Themen, ohne wirklich in Bewegung zu kommen.

Der Intention-Action-Gap betrifft uns oft genau dort, wo es uns wichtig ist. Er ist leise, aber mächtig. Und er erinnert uns immer wieder daran, wie groß der Abstand sein kann zwischen Wollen und Wirklichkeit.

# Fünf Gründe für den Intention-Action-Gap

Gibt es in Ihrem Leben einen Intention-Action-Gap? Wollen Sie etwas tun, aber Sie kommen einfach nicht in die Gänge? Haben Sie zum Beispiel beschlossen, weniger Süßes zu essen? Oder mehr Sport zu machen? Oder Ihre Mutter öfter anzurufen? Oder weniger am Smartphone zu hängen? Und obwohl Sie das ganz bewusst mit Ihrer Kommandozentrale, Ihrem bewussten rationalen System 2, entschieden haben, schaffen Sie es nicht?

Dann ist es sehr gut möglich, dass Ihr unbewusstes System, also Ihr Autopilot, Ihr Bauch, das System 1, verantwortlich für die Automatismen, Ihnen dazwischenfunkt. Vermutlich wenden Sie unbewusst eine Heuristik an, die kontraproduktiv zum Erreichen Ihres eigentlichen Ziels ist und somit einen systematischen Fehler erzeugt.

Welche sind die Bereiche, in denen diese Fehler typischerweise passieren?

## 1. WIEDERERKENNUNG, WIEDERHOLUNG UND VEREINFACHUNG, BESONDERS BEI STRESS

Wenn wir unter Zeitdruck stehen oder generell in stressigen Situationen sind, verändert sich die Art und Weise, wie wir Informationen verarbeiten und Entscheidungen treffen, oft dramatisch. Vor allem entscheiden wir schneller. Das ist durchaus sinnvoll, denn in gefährlichen oder hektischen Momenten zählt jede Sekunde. Doch diese Schnellig-

keit hat ihren Preis: Wir verlassen uns verstärkt auf unsere Heuristiken. Zwei besonders verbreitete Heuristiken, die in solchen Stresssituationen aktiviert werden, sind Wiedererkennung und Wiederholung.

Unter Stress aktiviert unser Körper das autonome Nervensystem, insbesondere den „Fight or Flight"-Modus. Ressourcen werden vom Frontalhirn, also dem Sitz rationaler Entscheidungen, abgezogen und an die Amygdala, in der unser Überlebensinstinkt verankert ist, umgeleitet. In diesem Zustand ist für komplexe Abwägungen kein Platz, das Gehirn greift daher auf erprobte, gespeicherte Muster zurück. Was häufig gesehen oder gehört wurde, liegt „obenauf" im Gedächtnis und wird bevorzugt.

### Wie Stress auf die Wiedererkennungsheuristik wirkt

Stellen Sie sich vor, Sie sind spät dran für ein wichtiges Meeting. Die Zeit drängt, aber Ihr Magen knurrt. Also laufen Sie auf dem Weg ins Büro noch schnell in den Supermarkt, um einen Snack zu besorgen. Vor Ihnen ein ganzes Regal voller Müsliriegel – zwanzig verschiedene Sorten, von Bio-Neuheiten bis hin zu Proteinriegeln mit exotischen Zutaten.

Und was tun Sie? Statt lang zu grübeln und noch mehr Zeit zu verlieren, greifen Sie automatisch zum Markenprodukt, das Sie aus der Werbung kennen. Nicht, weil Sie wissen, dass es besser schmeckt oder gesünder ist, sondern weil Sie es wiedererkennen und Sie sich so die Entscheidung erleichtern. Ihr Gehirn spart sich die Analyse. Es überlegt nicht lang, wägt keine Argumente ab, sondern trifft eine schnelle Entscheidung nach dem simplen Prinzip: bekannt = sicher = kaufen. Wenn wir wenig Zeit haben, bevorzugen wir instinktiv das Vertraute, das aber nicht unbedingt das Beste sein muss.

### Stress verstärkt den Wunsch nach Wiederholung

Es ist Montagmorgen, das wöchentliche Team-Meeting läuft bereits, und alle sind gestresst. Kein Wunder, denn die Deadline rückt näher, aber das Projekt ist in Verzug. Es müssen dringend Entscheidungen her. In dieser angespannten Stimmung schlägt jemand vor: „Lassen Sie uns den Messeauftritt genauso gestalten wie im letzten Jahr, das hat doch gut funktioniert."

Obwohl sich niemand in dem Moment erinnern kann, wie es damals wirklich gelaufen ist, und das auch keiner der Anwesenden auf die Schnelle nachprüfen kann, nicken alle. Kein Widerspruch, keine Analyse, kein neuer Ansatz.

Warum? Weil der Vorschlag vertraut ist. Er wurde schon öfter gemacht, klingt vernünftig und spart Diskussionen.

Und wieder gilt: Wenn wenig Zeit bleibt, bevorzugen wir instinktiv das Vertraute, das aber nicht unbedingt das Beste sein muss.

## II. NACHAHMUNG IN SOZIALEN KONTEXTEN: DAS HERDENTIER IN UNS

Nachahmung spielt in sozialen Kontexten eine zentrale Rolle – kein Wunder, schließlich sind wir Menschen soziale Wesen. Wir lernen, indem wir andere und ihr Tun beobachten, und orientieren uns daran, besonders in unsicheren oder neuen Situationen. Diese Form der sozialen Heuristik sorgt dafür, dass wir uns schneller in Gruppen zurechtfinden, akzeptiert werden und nicht negativ auffallen. Kurz gesagt: Was so viele andere machen, kann so falsch nicht sein.

Ein klassisches Beispiel: Wenn Sie in einem fremden Land ein Restaurant suchen und zwei befinden sich nebeneinander – eines leer, das andere voll –, welches wählen Sie? Vermutlich das volle. Nicht weil Sie die Speisekarte studiert haben, sondern weil viele andere bereits dort sitzen. Ihr Gehirn denkt: „So viele Menschen können sich nicht irren." Das ist Nachahmung in Reinform.

Doch Nachahmung ist nicht die einzige Heuristik, die in sozialen Kontexten zu systematischen Denkfehlern führen kann. Eine weitere äußerst wirkungsvolle Heuristik ist die der Reziprozität.

Reziprozität ist ein psychologisches Grundprinzip, das bedeutet, dass wir uns verpflichtet fühlen, etwas zurückzugeben, wenn uns jemand etwas gibt. Es ist tief in unseren sozialen Instinkten verankert und funktioniert unabhängig davon, ob die „Gabe" freiwillig, klein oder sogar unerwünscht war. Das könnte etwa so aussehen: Sie erhalten von einem Kollegen eine kleine Aufmerksamkeit, vielleicht bringt er Ihnen einen Kaffee oder hilft Ihnen bei einer Aufgabe. Kurz darauf bittet er Sie um einen Gefallen. Obwohl Sie eigentlich gerade keine Zeit haben, sagen Sie Ja. Nicht weil der Gefallen sinnvoll oder dringend ist, sondern weil Sie sich unterbewusst verpflichtet fühlen, etwas zurückzugeben.

Diese Heuristik ist so stark, dass sie selbst dann wirkt, wenn die Gegenleistung völlig unverhältnismäßig ist – und sie wird gezielt genutzt: Denken Sie an kostenlose Produktproben, kleine Geschenke oder freundliche Gesten im Kundenservice. All das aktiviert das Gefühl: „Jetzt bin ich am Zug." Und dieses Gefühl endet oft damit, dass wir viel Geld für etwas ausgeben, das wir gar nicht kaufen wollten ...

Warum funktionieren diese sozialen Heuristiken? Weil sie das soziale Miteinander einfacher machen. Wer immer alles infrage stellt, sich nicht revanchiert und grundsätzlich gegen den Gruppentrend handelt, wird schnell als unangenehmer Störfaktor wahrgenommen und im schlimmsten Fall gemieden oder gemobbt. Heuristiken wie Nachahmung und Reziprozität helfen uns, schnell Anschluss zu finden, Konflikte zu vermeiden und Harmonie aufrechtzuerhalten.

Doch genau das birgt auch Risiken:

- Wir stimmen Meinungen zu, obwohl wir anderer Meinung sind.
- Wir sagen „Ja", obwohl ein „Nein" vernünftiger wäre.

- Wir tun Dinge, nur weil wir sie bei anderen sehen, nicht weil sie gut oder sinnvoll sind.

Soziale Heuristiken wie Nachahmung und Reziprozität sind mächtige Werkzeuge unseres Gehirns, um in komplexen sozialen Umgebungen effizient zu handeln. Doch gerade in stressigen oder dynamischen Situationen können sie zu systematischen Fehlern führen.

## III. BESTÄTIGUNG IM BEREICH VERZERRTES SELBSTBILD

Wir glauben gern, dass wir uns selbst gut kennen – und ebenso, dass andere ein klares, möglichst positives Bild von uns haben. Dieses Selbstbild wirkt wie eine Art inneres Navigationssystem: Es gibt uns Orientierung, Identität und emotionale Stabilität. Doch so klar, wie wir meinen, ist dieses Bild selten. In Wahrheit ist es oft ein Puzzle aus selektiv wahrgenommenen Erinnerungen, Rückmeldungen und Erwartungen; zusammengesetzt wird es mit viel unbewusster Hilfe unserer Denkabkürzungen, insbesondere der Bestätigungsheuristik.

Nehmen wir jemanden, der überzeugt ist, besonders hilfsbereit zu sein. Diese Person erinnert sich gern an Situationen, in denen sie jemandem zur Seite stand, zum Beispiel durch ein aufmunterndes Gespräch oder ein spontanes Angebot zur Unterstützung.

Dieselbe Person hat allerdings gestern fünf E-Mails mit Hilfegesuchen unbeantwortet gelassen, weil sie „keine Zeit hatte“ oder „die Leute ja selbst klarkommen sollten“. Diese inneren Ausreden helfen, das Bild vom „hilfsbereiten Menschen“ für einen selbst aufrechtzuerhalten, auch wenn die Wirklichkeit anders aussieht.

Doch nicht nur unser Selbstbild ist verzerrt, auch das Fremdbild, also wie wir glauben, dass andere uns wahrnehmen, entspricht oft nicht der Realität: Oft überschätzen wir, wie klar und positiv unser Verhalten bei anderen ankommt.

Stellen wir uns vor, diese Person, die sich selbst als hilfsbereit wahrnimmt, ist überzeugt, dass das gesamte Team sie genauso sieht. In Wahrheit empfinden viele Kolleginnen und Kollegen sie als eher distanziert oder sogar unzuverlässig, weil sie oft auf Nachrichten nicht reagiert oder Hilfe zusagt, aber dann nicht liefert.

Dieses Auseinanderdriften von Selbst- und Fremdbild bleibt häufig unbemerkt, weil wir auch hier nach Bestätigung suchen: Wir nehmen besonders wahr, wenn uns jemand lobt oder sich bedankt, und vergessen schnell, wenn jemand enttäuscht war oder keine Rückmeldung gab.

Warum wir das machen? Weil unser Selbstbild eine zentrale Rolle für unser psychisches Gleichgewicht spielt. Es gibt uns Sicherheit, Stabilität und das Gefühl, „in Ordnung“ zu sein. Kritik oder widersprüchliche Informationen können dieses Gleichgewicht ins Wanken bringen. Wir alle leben mit einem gewissen Maß an Illusion – über uns selbst und darüber, wie andere uns sehen. Die Bestätigungsheuristik hilft uns zwar, unsere Identität zu stabilisieren, erzeugt aber gleichzeitig blinde Flecken.

## IV. AKTIVIERUNG DER VERLUSTVERMEIDUNG DURCH NEGATIVES FRAMING

Framing beschreibt die Art und Weise, wie Informationen präsentiert werden, es ist wie ein Rahmen, in dem ein Sachverhalt dargestellt wird. Dabei bleibt der Inhalt objektiv gleich,. aber unsere Wahrnehmung und Bewertung ändern sich je nach Formulierung dramatisch.

Positives Framing: „Diese Behandlung hat eine Überlebensrate von 90 Prozent."

Negatives Framing: „Bei dieser Behandlung sterben 10 Prozent der Patienten."

Obwohl beide Aussagen faktisch identisch sind, wirkt die zweite bedrohlicher und ruft deutlich stärkere emotionale Reaktionen hervor. Der Fokus auf den möglichen Verlust (Tod) aktiviert die Verlustvermeidung.

Verlustvermeidung ist ein starker innerer Antrieb, und negatives Framing ist das Werkzeug, das diesen Antrieb besonders effektiv anspricht. Wenn etwas als Verlust dargestellt wird, reagieren wir impulsiver, risikobereiter oder übervorsichtig – je nachdem, was das größere Verlustszenario zu vermeiden scheint.Negativ formulierte Aussagen lenken unsere Aufmerksamkeit auf das Risiko, den potenziellen Schaden oder die Gefahr. Das macht sie emotional aufgeladener und damit besonders wirksam. In solchen Momenten wird die Verlustvermeidung aktiv:

- Wir neigen dazu, übervorsichtig zu werden, selbst wenn objektiv keine große Gefahr besteht.
- Wir wählen lieber eine Option, die einen möglichen Verlust vermeidet, selbst wenn eine andere rational mehr Vorteile hätte.

- Wir treffen Entscheidungen nicht aus Überzeugung, sondern aus Angst, etwas zu verlieren.

## V. GEGENWARTSFOKUS FÜHRT ZU FEHLENDER SELBSTKONTROLLE

Wir haben schon im vorherigen Kapitel gesehen: Der Gegenwartsfokus und mangelnde Selbstkontrolle gehören zusammen wie Sofa und Fernseher: bequem, aber langfristig nicht immer hilfreich.

Nehmen wir ein Beispiel: Sie haben sich fest vorgenommen, gesünder zu essen. Der Plan: ab morgen Salat, Wasser, Obst. Sie meinen es ernst. Doch dann stehen Sie bei der Geburtstagsfeier einer Kollegin plötzlich vor einem saftigen Schokokuchen mit Sahnehaube.

Was macht der Present Bias? Er flüstert: „Du hattest einen anstrengenden Tag. Du verdienst das jetzt." Der Salat von morgen? Der ist weit weg. Aber die Belohnung durch Zucker ist sofort spürbar. Also greifen Sie zu – nicht weil Sie Ihren langfristigen Zielen abschwören, sondern weil der Moment stärker ist als die Zukunft.

Und wer kennt das folgende Beispiel nicht? Es ist spät. Am nächsten Tag wartet ein wichtiger Termin, Sie wissen, Sie sollten längst schlafen. Die Vernunft sagt: „Nur noch kurz Zähne putzen, dann ab ins Bett." Aber dann kommt die berühmte Frage: „Nächste Folge abspielen?" Und schon kuscheln Sie sich wieder in die Couch. Sie bleiben wach, weil das Jetzt spannender ist als das Morgen. Ihr künftiges Ich wird es bereuen, aber das jetzige Ich denkt nur an den Cliffhanger.

Ob bei Ernährung, Freizeit oder Finanzen – der Gegenwartsfokus ist ein Meister darin, unsere Selbstkontrolle auszutricksen. Und oft merken wir es erst dann, wenn der Kuchen gegessen ist oder wir die Nacht durchgemacht haben.

## Hindernisse erkennen oder: Wo liegt eigentlich das Problem?

Wenn Sie eine Entscheidung, die Sie selbst getroffen haben, nicht umsetzen und deshalb unglücklich sind, lohnt es sich, den genannten fünf Bereichen auf den Zahn zu fühlen: Stress, sozialer Kontext, verzerrtes Selbstbild, Framing, fehlende Selbstkontrolle.

Welche Kategorie hindert Sie an der Umsetzung Ihrer Entscheidung? Oft ist es sogar mehr als eine.

Die folgenden Fragen helfen dabei, die verantwortlichen Hindernisse zu identifizieren:

- Stress: Beschreiben Sie Ihren mentalen Zustand, wenn Sie vor der Entscheidung stehen. Was denken Sie? Sind Sie beschäftigt? Abgelenkt? Gestresst? Aufgeregt? Nervös? Wie könnten diese Faktoren Ihr Verhalten beeinflussen?
- Sozialer Kontext: Sind andere Menschen in Ihrer Nähe und an der Entscheidung beteiligt?
- Verzerrtes Selbstbild: Wo überschätzen Sie sich? Wo unterschätzen Sie sich?
- Framing: Was haben Sie zu verlieren? Warum wäre es gut, wenn alles so bleiben würde, wie es ist?

- Fehlende Selbstkontrolle: Warum ist das aktuelle Verhalten so verlockend? In welchen Situationen ist es besonders präsent? Durch welche Voraussetzungen wird es verstärkt?

### Aus der Coaching-Praxis: Leander, 22, Student

Leander ist ein typischer Vertreter seiner Generation: Er hängt gern am Smartphone. Doch die Zeit, die er in sozialen Medien oder mit Gaming verbringt, fehlt ihm oft für andere Dinge; er will seine Handynutzung also gern einschränken. Doch irgendwie schafft er es nicht. Ich möchte ihm helfen, sein Ziel zu erreichen.

„Leander, du hast mir gesagt, dass du gern weniger Zeit am Handy verbringen würdest, gerade was Spiele oder Social Media betrifft. Darf ich dir ein paar Fragen stellen, um besser zu verstehen, wo es hakt?“

„Klar, gern.“

„Fangen wir mit den Voraussetzungen an. Wenn du an diese Veränderung denkst – weniger am Handy sein –, fehlt dir da etwas? Vielleicht eine bestimmte Information, ein Werkzeug, eine Person, die dich unterstützen könnte?“

Leander überlegt: „Hm, ja ... ich glaube, mir fehlt so eine Art Plan. Ich will weniger Zeit am Handy verbringen, aber wie das konkret gehen soll – keine Ahnung. Ich weiß nicht mal, was ich stattdessen machen würde.“

„Verstehe. Also der Wunsch ist da, aber die konkreten Schritte fehlen noch. Und wenn du dich in einer typischen Situation wiederfindest, in der du zum Handy greifst, wie ist dein mentaler Zustand? Was ist in deinem Kopf in dem Moment los?“

Leander antwortet wie aus der Pistole geschossen: „Oft passiert es, wenn ich gestresst bin. Wenn mir alles zu viel wird. Oder wenn ich auf irgendwas warte – eine Mail, einen Call. Dann habe ich das Gefühl, ich brauch kurz 'ne Pause. Und dann ... zack, ist TikTok offen.“

„Also das Handy als schnelle Auszeit? Und würdest du sagen, dass dieser Griff eher bewusst passiert oder automatisch?“

„Meistens automatisch. Ich merk's erst, wenn ich schon dran bin. Und dann vergesse ich, warum ich überhaupt ans Handy wollte.“

Ich frage weiter: „Jetzt mal zum sozialen Umfeld: Wenn du mit Freunden zusammen bist, wie präsent sind da Smartphones?“

„Total präsent. Beim Essen, im Gespräch, immer. Alle haben ihr Handy draußen, fast so wie ein zusätzliches Körperteil. Ich manchmal auch, selbst wenn ich's gar nicht richtig will.“

„Und was glaubst du – hat das einen Einfluss auf dein Verhalten?“

Leander zögert nicht: „Definitiv. Wenn alle scrollen, fühl ich mich komisch, wenn ich's nicht auch mache. Dann kommt so ein Gefühl von: Was mach ich jetzt mit meinen Händen?“

„Werfen wir mal einen Blick auf dein Selbstbild: Wenn du an dich selbst in Bezug auf dieses Thema denkst, wo, würdest du sagen, überschätzt oder unterschätzt du dich?“

„Gute Frage ... Ich glaube, ich unterschätze, wie sehr das schon zur Gewohnheit geworden ist. Ich denke oft: Ach, ich habe das im Griff. Aber das stimmt nicht wirklich. Und gleichzeitig denk ich manchmal, ich bin einfach so – halt jemand, der zu viel am Handy hängt. Als wär's unveränderlich."

„Wenn du an die Vorstellung ‚weniger Handy' denkst, was verlierst du dadurch möglicherweise? Oder anders gefragt: Warum könnte es verlockend sein, alles beim Alten zu lassen?"

Leander zögert kurz: „Ehrlich gesagt, Angst, was zu verpassen. Oder dass es langweilig wird. Diese kurzen Unterhaltungen mit dem Handy sind irgendwie bequem. Ohne das Handy fühlt sich manches leer an."

„Und was macht es so schwer, in dem Moment nicht zuzugreifen? Was ist so verlockend am aktuellen Verhalten?"

„Es ist einfach da. Schnell. Immer. Ich muss nicht nachdenken, ich klick einfach. Vor allem, wenn ich müde oder gestresst bin, ist das Handy wie ein Magnet. Ich glaube, ich habe mir das über Jahre angewöhnt, als so eine Art Dauerlösung."

„Und in welchen Situationen passiert das besonders oft?"

Diesmal muss Leander nicht lang nachdenken: „Morgens direkt nach dem Aufwachen. Oder abends, wenn ich eigentlich schlafen sollte. Oder wenn ich mich gerade um etwas drücken will – eine Aufgabe, die unangenehm ist. Dann ist das Handy plötzlich die bequemere Option."

„Ich höre, dass da einige sehr unterschiedliche Faktoren zusammenspielen – äußere, innere, soziale Hindernisse. Das hilft uns sehr weiter für die nächsten Schritte. Im Moment geht's erstmal nur darum, genau hinzuschauen. Als Nächstes überlegen wir uns Strategien für deine Hindernisse."

# Hindernisse überwinden: Praktische Ansätze zur Umsetzung

Wenn Sie Ihre Hindernisse kennen, haben Sie schon einen großen Fortschritt gemacht. Sie wissen, was Sie bremst, Ihr Ziel zu erreichen. Nun können Sie überlegen, welche Maßnahmen helfen können, Ihre Stolpersteine zu überwinden, zu umgehen oder aufzulösen.

In Leanders Coachingbeispiel haben wir gesehen, dass sogar mehrere Hindernisse für das Verfehlen seines Ziels verantwortlich sind. Das kommt zwar häufig vor, aber oft steht nur ein Hindernis im Weg. Umso wichtiger ist es, dieses zu identifizieren, um eine Strategie dagegen zu entwickeln.

## STRATEGIE „STRESS REDUZIEREN, NEUE ROUTINEN ETABLIEREN"

Viele Pläne scheitern nicht, weil sie schlecht sind, sondern weil sie zu aufwendig scheinen. Wer sowieso viel um die Ohren hat, braucht einfache Schritte. Dabei helfen Standards, etwa ein fester Wochenplan oder Routinen, die ohne Nachdenken funktionieren. Erinnerungen im Kalender oder per App können zusätzlich helfen, das Dranbleiben nicht dem Zufall zu überlassen.

### Aus der Coaching-Praxis: Chantal, 45, Rechtsanwältin

Chantals Alltag ist schnell, voll und oft von morgens bis abends durchgetaktet. Vor Kurzem war sie für zwei Wochen auf Reisen und hat dort Carina kennengelernt. Die beiden haben sich auf Anhieb verstanden: lange Gespräche, gemeinsames Lachen, geteilte Erlebnisse. Noch im Urlaub haben sie sich geschworen: „Wir bleiben in Kontakt!"

Zurück im Alltag hat Chantal sich das auch wirklich vorgenommen. Doch dann passiert nichts. Die WhatsApp-Nachricht von Carina bleibt unbeantwortet. Chantal sieht sie, denkt kurz: „Da antworte ich später." Und vergisst es wieder. Ein paar Tage später folgt ein leicht vorwurfsvolles „Alles gut bei dir?", aber auch darauf schafft sie es nicht zu reagieren. Im Coaching beschreibt Chantal das so: „Es ist nicht, dass ich nicht will. Ich mag Carina wirklich. Aber ich komm einfach nicht dazu. Jeden Tag ist so viel los – Termine, Mails, Klienten, dann bin ich müde. Und wenn ich mal Zeit habe, will ich einfach nur Ruhe."

Chantals Vorsatz und ihr Bedürfnis stehen im Widerspruch zu ihrer täglichen Routine. Sie meint es ernst, aber ihr Alltag ist nicht darauf ausgelegt, solche persönlichen Kontakte aktiv zu pflegen. Und der gute Wille allein reicht nicht, wenn es keine bewusste Struktur gibt.

### Tipps, wie Chantal den Kontakt besser in ihren Alltag integrieren kann

- **Kommunikation bewusst einplanen:** Statt zu warten, „bis es mal passt", kann Chantal feste Zeitfenster für persönliche Nachrichten einbauen. Zum Beispiel jeden Mittwochabend fünf Minuten für „Menschen, die mir wichtig sind“. Damit nimmt sie sich den Druck weg und schafft dagegen eine bewusste Erinnerung.

- Low-Effort-Antworten erlauben: Sie muss nicht immer sofort mit durchdachten, langen Texten antworten. Auch ein kurzes „Ich denk an dich – melde mich bald ausführlicher“ zeigt Wertschätzung und hält die Verbindung.
- Sprachnachrichten nutzen: Statt tippen einfach eine Sprachnachricht hinterlassen oder ein kurzes Telefonat führen. Oft geht das leichter zwischendurch, zum Beispiel beim Spazierengehen oder auf dem Heimweg. Und es ist viel persönlicher.

## STRATEGIE „SOZIALER EINFLUSS: BEWUSST NUTZEN STATT GESCHEHEN LASSEN“

Wir passen uns an, zumindest dann, wenn es uns sinnvoll oder notwendig erscheint. Wenn wir also von Menschen umgeben sind, die sich gesund ernähren, aktiv oder neuen Dingen offen gegenüber sind, und wir halten das für gut, sinnvoll und erstrebenswert, werden wir ihre Verhaltensweisen übernehmen. Vieles davon wird wahrscheinlich unbewusst passieren, doch wir können auch aktiv Nachahmung betreiben: sich mit anderen verabreden, gemeinsam starten, sich Ziele setzen. Wenn wir zu jemandem sagen: „Ich zieh das jetzt durch“, erhöht das nicht nur unsere Motivation, sondern vermutlich auch die unseres Gegenübers.

### Aus der Coaching-Praxis: Verena, 44, Coach

Verena liebt Sprache, schreibt gern Tagebuch und hat seit Jahren die Idee im Kopf, ein eigenes Buch zu schreiben – vielleicht ein autofiktionaler Roman, vielleicht etwas Essayistisches. Die Idee lebt in ihr, doch sie kommt nicht ins Tun: „Ich will schreiben. Wirklich. Aber ich weiß gar nicht, wie man so was macht. Ich kenne niemanden, der ein Buch geschrieben hat. Ich fühle mich irgendwie wie ein Kind, das schwimmen will, aber nie Wasser gesehen hat."

Im Coaching wird schnell deutlich: Verena fehlt nicht das Talent, sondern sie braucht Struktur, Vorbilder und ein Umfeld, in dem Schreiben als etwas Natürliches und Erreichbares erlebt wird. So kommt die Erkenntnis, dass Schreiben kein magischer Akt ist, sondern ein Handwerk. Und dass man es lernen kann – auch durch Beobachtung und Nachahmung.

#### Tipps, wie Verena sich ein soziales Umfeld schaffen kann, in dem Schreiben möglich wird:

- Soziale Strukturen schaffen, nicht allein bleiben
  Verena hat begonnen, regelmäßig an einem lokalen Schreibkreis teilzunehmen. Anfangs hat sie nur zugehört, später eigene Texte vorgelesen. Die Gruppe gibt ihr Resonanz, Ermutigung und vor allem Verbindlichkeit. Schreiben ist jetzt nicht mehr nur eine Idee, es ist eine Handlung mit Zeugen.
- Vorbilder bewusst suchen
  Verena hat gezielt nach Autorinnen und Autoren gesucht, die einen ähnlichen Weg gegangen sind, zum

Beispiel Quereinsteigerinnen ohne Literaturstudium. Verena liest Interviews, Newsletter und hört Podcasts. Nicht zur Ablenkung, sondern als Inspiration. Sie sieht: Niemand wird als Autorin oder Autor geboren. Man wird es, indem man anfängt.

- Nachahmung als Methode zulassen
  Statt auf das große „eigene Thema" zu warten, darf Verena erst einmal nachmachen: Textformen kopieren, Tonlagen ausprobieren, mit Stilmitteln spielen. Nachahmung ist kein Verrat am eigenen Stil, sondern ein Weg, ihn zu finden.
- Peer-Partnerschaft etablieren
  Auf eigene Initiative hat Verena sich mit einer Bekannten aus dem Schreibkreis zu einer „Schreib-Buddy"-Partnerschaft verabredet. Einmal pro Woche schicken sie einander ihre Texte. Kein Urteil, nur: Ich sehe, dass du schreibst. Und ich schreibe auch.

## STRATEGIE „SELBSTBILD ANPASSEN, ÜBERFORDERUNG VERMEIDEN"

„Ab morgen bin ich diszipliniert, sportlich, organisiert und nie wieder gestresst!" Das klingt nach Neujahrsvorsatz, oder? Und was passiert mit fast allen Neujahrsvorsätzen? Nach spätestens zwei Wochen haben wir sie vergessen. Warum? Weil wir uns mit diesem perfekten Zukunftsbild überfordern. Wenn wir bisher ein bisschen schlampig in Sachen Haushalt waren, unsportlich, leicht gestresst und nicht immer diszipliniert, was unsere Ernährung angeht, können wir das nicht von heute auf morgen ändern. Aber wenn wir uns realistische Ziele setzen, diese konkret definieren, in kleine, machbare Schritte unterteilen und diese regelmäßig kontrollieren, haben wir gute Chancen auf Erfolg. Checklisten helfen dabei, Fortschritte sichtbar zu machen. Wer sich Feedback holt – von anderen oder sich selbst –, bleibt im Dialog mit dem eigenen Fortschritt.

### Aus der Coaching-Praxis: Sylvia, 53, Projektleiterin

Sylvia kommt mit einem klaren Vorsatz ins Coaching: „Ich will auf meine Stimmung achten und gegensteuern, wenn es mir nicht gut geht. Ich merke oft erst im Nachhinein, dass ich völlig ausgelaugt war." Im Gespräch wird schnell deutlich: Sylvia ist reflektiert, aber zu spät dran mit ihren Reaktionen. Sie funktioniert über Wochen hinweg, „beißt sich durch" und merkt erst viel zu spät, dass sie sich Pausen nehmen, Termine verschieben oder Unterstützung hätte holen sollen. Sie will mehr Selbstfürsorge, aber ohne extra Aufwand und To-do-Listen. Sie braucht ein Instrument, das ihr hilft, Muster zu erkennen, jenseits des Bauchgefühls. Deshalb schlage ich ihr vor, für ein paar Wochen eine spezielle App zu nutzen – ein digitales Stimmungs- und Tätigkeitstagebuch, in dem Sylvia täglich (oder mehrmals täglich) ihre Stimmung in Form von Smileys erfasst und dazu angibt, was sie gerade gemacht hat: gearbeitet, Sport gemacht, gegessen, Freunde getroffen, am Handy gehangen etc.

Schon nach zwei Wochen zeigen sich erste Tendenzen:

- An Tagen mit langen Bildschirmzeiten und wenig Bewegung ist die Stimmung deutlich schlechter.

- Nach Treffen mit Freunden oder Spaziergängen steigt sie merklich an.
- Montagnachmittage sind regelmäßige Tiefpunkte.
- Die Stimmung am Sonntagabend ist deutlich besser, wenn Sylvia den Tag strukturiert statt ziellos verbracht hat.

Sylvia selbst ist überrascht: „Ich hätte nie gedacht, dass so kleine Dinge wie ‚kein Mittagessen' oder ‚nur drinnen gesessen' so viel mit meiner Stimmung machen. Das war mir nie wirklich bewusst." Durch die App bekommt Sylvia ein visuelles Feedback über ihre Wochen – mit Diagrammen, Verlaufskurven, Aktivitätslisten. Vor allem aber entwickelt sie ein Gespür für die Stellschrauben in ihrem Alltag.

Im Coaching nutzen wir die App gezielt weiter:

- Reflexion: Was war an Tagen mit guter Stimmung anders?
- Mustererkennung: Welche Kombinationen (zum Beispiel wenig Schlaf und viele Meetings) führen zuverlässig zu Tiefs?
- Planung: Sylvia beginnt, gezielt Aktivitäten einzuplanen, die ihr guttun – nicht als To-do, sondern als Stimmungsprophylaxe.
- Selbstwirksamkeit: Die Kurven in der App zeigen nicht nur, „wie's mir geht", sondern auch: „Ich kann was tun, damit es mir besser geht."

Die App ist kein Selbstzweck, aber sie schafft das, was oft im Alltag fehlt: eine verlässliche Rückmeldung, wie es uns wirklich geht – und warum. Für Sylvia wurde die App zu einem einfachen, aber kraftvollen Tool, das sie nicht nur bewusster, sondern auch handlungsfähiger gemacht hat.

## STRATEGIE „FRAMING: DIE GESCHICHTE, DIE DU DIR ERZÄHLST“

Veränderung fühlt sich oft wie Verzicht an. Weniger Schokolade? Mehr Bewegung? Weniger Social Media? Klingt nach Verlust. Aber genau hier hilft ein Perspektivwechsel: Statt auf das zu schauen, was wegfällt, lieber auf das schauen, was gewonnen wird. Zum Beispiel kann weniger Schokolade bessere Blutzuckerwerte bringen; durch mehr Bewegung gewinnen wir mehr Energie und durch weniger Social-Media-Konsum haben wir mehr Zeit für Freunde, Familie, einen Museumsbesuch oder ein gutes Buch. Belohnungen dürfen natürlich sein, denn wer sich für kleine Erfolge feiert, bleibt motiviert.

### Aus der Coaching-Praxis: Laura, 35, MTA

Laura ist unzufrieden in ihrem aktuellen Job. Sie fühlt sich unterfordert, hat wenig Entwicklungsmöglichkeiten und leidet unter der schlechten Führung. Sie möchte sich beruflich verändern und hat bereits über neue Positionen nachgedacht. Doch trotz konkreter Ideen kommt sie nicht ins Tun, das Schreiben von Bewerbungen fällt ihr schwer, sie schiebt es immer wieder auf.

Laura denkt häufig:

- „Was, wenn der neue Job noch schlechter ist als der jetzige?"
- „Ich habe mir hier immerhin einen Ruf und Sicherheit aufgebaut."
- „Wenn ich mich bewerbe und eine Absage bekomme, fühlt sich das wie ein Rückschritt an."

Diese inneren Stimmen blockieren sie – nicht weil sie keine besseren Optionen sieht, sondern weil sie unbewusst befürchtet, mehr zu verlieren als zu gewinnen.

### Tipps, wie Laura ihre Verlustaversion überwinden kann:

Perspektivwechsel ermöglichen durch Impulse:

- „Was verliere ich, wenn ich in meinem aktuellen Job bleibe?"
- „Was würde mein zukünftiges Ich in fünf Jahren rückblickend über die Entscheidung sagen, jetzt nichts zu tun?"
- „Was gewinne ich, wenn ich mich traue, mich zu bewerben, unabhängig vom Ausgang?"

Belohnungssystem etablieren:

- Für jeden geschriebenen Lebenslauf, jedes Anschreiben oder jede abgeschickte Bewerbung gibt es ein kleines „Ritual" oder eine Belohnung (zum Beispiel Lieblingskaffee, kleine Auszeit, Serienfolge).
- Erfolgsjournal führen: Jeden Minischritt dokumentieren (zum Beispiel „Heute eine Stellenanzeige gespeichert"), um Fortschritte sichtbar zu machen.

- „Bewerbungsbuddy“ suchen: Gemeinsam mit einer Freundin feste Zeiten fürs Bewerbungenschreiben einplanen und sich nach jedem Treffen etwas gönnen.

Reframing: Absagen als Wachstum verstehen:

- „Jede Absage ist ein Hinweis, dass du aktiv für deine Zukunft einstehst.“
- „Nicht jeder Job ist passend, aber jede Bewerbung bringt dich der passenden Stelle näher.“
- „Wer keine Absagen bekommt, hat sich nicht wirklich bewegt.“

## STRATEGIE „SELBSTKONTROLLE STÄRKEN DURCH GUTE VORBEREITUNG“

Willenskraft ist endlich. Deshalb lohnt es sich, Verlockungen gar nicht erst in Reichweite zu haben. Wir können Ungesundes aus dem Haus verbannen, Apps deinstallieren, Ablenkungen erschweren. Gleichzeitig hilft es, die Aufmerksamkeit auf das Zukunfts-Ich zu lenken: „Wie werde ich mich morgen fühlen, wenn ich heute widerstanden habe?“ Diese Art von mentaler Vorwegnahme motiviert stärker als jeder Zeigefinger. Veränderung ist also nicht unbedingt eine Frage von Disziplin, sondern von guten Bedingungen. Wer Hindernisse erkennt, kann sie gezielt angehen. Und plötzlich wird aus einem Wunsch ein Plan. Und aus dem Plan echte Veränderung.

## Aus der Coaching-Praxis: Angela, 62, Erzieherin

Angela wünscht sich mehr Bewegung und innere Ruhe. Ihr Vorsatz ist klar: „Ich will morgens direkt nach dem Aufstehen 15 Minuten Yoga machen. Ich weiß, dass es mir guttut. Ich habe mir sogar extra eine Matte und eine App besorgt. Doch dann kommt der Morgen. Der Wecker klingelt, ich wache auf – und ich bleibe einfach liegen. Immer mit dem Gedanken: Heute nicht. Vielleicht morgen."

Angela ärgert sich über sich selbst, aber sie kann ihr Verhalten nicht ändern. Angela erlebt einen klassischen Gegenwarts-Bias: Die Belohnung von Yoga liegt in der Zukunft (mehr Energie, weniger Rückenschmerzen, besserer Start in den Tag). Aber das Sofort-Gefühl beim Aufwachen ist: „Ich will im Bett bleiben."

### Tipps, wie Angela in Bewegung kommt:

- Countdown: Motivation ist morgens nicht zuverlässig. Angela probiert stattdessen eine Regel: „Ich zähle von fünf rückwärts – 5, 4, 3, 2, 1, Beine über die Bettkante – und dann fange ich an." Diese Mini-Entscheidung hilft, den Automatismus zu unterbrechen.
- Yoga im Pyjama: Angela muss nicht erst ins Bad, sich nicht umziehen, nicht perfekt aussehen.
- Morgens nicht entscheiden müssen: Alles ist vorbereitet: Matte liegt da, App ist geöffnet, Übung ist ausgewählt. Angela muss morgens nicht entscheiden, sondern nur ausführen. Keine Willenskraft, sondern Struktur.

Angela erkennt: „Ich muss gar nicht perfekt Yoga machen. Ich muss nur anfangen, und zwar so, dass mein Morgen-Ich es nicht ablehnen kann.“

Wir sehen also, dass Veränderung nicht nur von eiserner Disziplin abhängt, sondern vor allem von den richtigen Bedingungen. Wer mögliche Hindernisse zum Beispiel beim Training erkennt, kann sie gezielt umgehen. So wird aus dem Wunsch, fitter oder beweglicher zu werden, ein konkreter Plan – und aus dem Plan entsteht schließlich eine echte Veränderung.

**Wiedererkennung / Wiederholung/ Vereinfachung**
- Prozess vereinfachen
- Standards setzen
- Erinnerungen einstellen

**Nachahmung**
- Nachahmung aktiv nutzen
- Verabredungen treffen
- Gleichgesinnte finden
- Verpflichtungen eingehen

**Bestätigung**
- Nicht überfordern
- Ziele definieren + kontrollieren
- Feedback einholen
- Checklisten anlegen

**Verlustvermeidung**
- Fokus auf Gewinn und Vorteile des neuen Verhaltens
- Kosten des alten Verhaltens bewusst machen
- Belohnungen einbauen

**Gegenwartsfokus**
- Verlockungen entfernen
- Auslöser kennen
- Verhalten erschweren
- Fokus auf Zukunft

# 5
# ENTSCHEIDE DICH GLÜCKLICH

Oft verlieren wir den Überblick über unser eigenes Leben: Wir spüren uns selbst kaum noch, wissen nicht mehr, was uns wirklich glücklich macht, und sind gefangen in einem Durcheinander aus zu vielen Gedanken und inneren Stimmen, die alle gleichzeitig mitreden wollen. Unser Kopf ist laut, die Optionen sind zahlreich, die Methoden endlos – und das Bauchgefühl geht dabei leicht unter. In diesem Kapitel geht es darum, Wege zu finden, wie wir wieder klarer fühlen, uns auf unsere Intuition verlassen und Entscheidungen treffen können, die uns leichter und zufriedener, mit einem Wort: glücklicher, machen.

## Zu viel Auswahl macht auch nicht glücklicher

Wir leben in einer Welt mit *unendlich* vielen Möglichkeiten in sämtlichen Lebensbereichen. Und das klingt erst einmal großartig. Schließlich lieben wir Freiheit und Individualität. Aber macht uns die Vielzahl an Entscheidungsmöglichkeiten wirklich glücklicher? Oder gibt es einen Punkt, an dem „mehr" uns nicht weiterbringt, sondern blockiert?

Grundsätzlich empfinden wir Wahlfreiheit als positiv. Sie stärkt unser Gefühl von Kontrolle und Selbstbestimmung – zwei zentrale Faktoren für psychisches Wohlbefinden. Wenn wir die Möglichkeit haben, unsere Wege aktiv zu gestalten, fühlen wir uns ernst genommen, handlungsfähig, lebendig. Das bestätigt auch eine Reihe von Studien aus der Positiven Psychologie. Sie ist ein Teilbereich der Psychologie, der sich darauf konzentriert, das Gute im

Menschen zu fördern, statt nur psychische Probleme zu behandeln. Sie untersucht Faktoren, die Glück, Zufriedenheit, Resilienz und Sinn im Leben stärken.

Studien zeigen, dass Menschen glücklicher sind, wenn sie das Gefühl haben, ihr Leben aktiv beeinflussen zu können, und dazu gehören Entscheidungen. Besonders dann, wenn die Alternativen *relevant, überschaubar* und *unterschiedlich genug* sind, um echte Wahlfreiheit zu bieten. Aber zu viele Optionen machen uns unglücklich. Der Psychologe Barry Schwartz hat in seinem Buch *The Paradox of Choice* sehr aufschlussreich dargelegt, dass zu viele Entscheidungsmöglichkeiten nicht nur unpraktisch sind, sondern sie machen uns sogar weniger zufrieden. Der Effekt nennt sich *Choice Overload* oder *Auswahlparadox.*

Je mehr Optionen wir haben, desto

- schwieriger wird der Vergleich,
- größer wird die Angst, etwas zu verpassen (FOMO),
- mehr Verantwortung empfinden wir für die Konsequenz,
- mehr Zeit und Energie verschwenden wir beim Entscheiden,
- und desto stärker ist das Risiko von Reue nach der Entscheidung.

In einer berühmten Feldstudie von Sheena Iyengar und Mark Lepper (2000) wurde dieser Effekt sehr deutlich: In einem Supermarkt bot man an einem Stand einmal vierundzwanzig und einmal sechs Marmeladensorten zur Verkostung an. Zwar blieben mehr Leute am Stand mit vierundzwanzig Sorten stehen, aber zehnmal so viele Menschen kauften tatsächlich Marmelade, wenn es nur sechs Sorten gab. Warum? Weil die Wahl einfacher, klarer, handhabbarer war. Die Teilnehmenden fühlten sich weniger überfordert und hatten nach dem Kauf weniger Zweifel, ob sie vielleicht die falsche Sorte gewählt hatten.

## GIBT ES EINE „PERFEKTE" ANZAHL AN OPTIONEN?

Die Psychologen Alexander Chernev, Ulf Böckenholt und Joseph Goodman haben die optimale Anzahl von Optionen in einer Meta-Analyse untersucht. Es gibt zwar keine exakte Zahl, aber die Forschung deutet darauf hin, dass Entscheidungsqualität und -zufriedenheit bei zu vielen Optionen sinken. Bei einfachen Entscheidungen (zum Beispiel T-Shirt-Farbe) kann man mehr Optionen vertragen. Bei komplexen Fragen (Jobwahl, Lebensstil, Beziehungen) reichen oft schon drei bis fünf Alternativen, um in die Überforderung zu kippen. Ein weiterer wichtiger Punkt: Nicht alle Menschen leiden gleich stark unter zu vielen Optionen.

- Maximizer wollen immer die *beste* Option finden. Sie vergleichen alles, analysieren, hinterfragen und sind oft am unzufriedensten, selbst wenn sie objektiv gut gewählt haben.
- Satisficer suchen eine Lösung, die *gut genug* ist. Wenn sie etwas gefunden haben, das passt, sind sie zufrieden und psychologisch oft deutlich entspannter.

Die meisten Menschen bewegen sich irgendwo zwischen diesen Polen. Aber in einer Welt voller Möglichkeiten wird das Maximieren zur Falle.

Mehr Entscheidungsmöglichkeiten machen uns dann glücklich, wenn sie übersichtlich bleiben, relevant sind und uns ein echtes Gefühl von Selbstbestimmung geben.

Zu viele Optionen führen zu Entscheidungslähmung, Überforderung und Zweifel und oft zu weniger Zufriedenheit im Nachhinein. Manchmal ist weniger tatsächlich mehr, nicht nur im Angebot, sondern auch im Denken.

## Wissen ist Macht – und manchmal auch Verwirrung

Selbst Entscheidungen mit nur zwei Optionen fallen uns oft schwer – besonders dann, wenn wir mit vielen Informationen konfrontiert sind. In einer Welt, in der fast alles recherchierbar, vergleichbar und bewertbar ist, sammeln wir immer mehr Wissen, in der Hoffnung, damit zur besten Entscheidung zu gelangen. Doch je mehr wir wissen, desto komplexer erscheint die Lage. Der Kopf wird immer lauter, rechnet, analysiert, bewertet – und übertönt dabei oft das, was wir intuitiv spüren.

Das Bauchgefühl, das früher vielleicht klar und deutlich zu uns gesprochen hat, wird leiser. Nicht weil es verschwunden ist, sondern weil der innere Lärm so groß geworden ist. Der Verstand versucht, Sicherheit zu schaffen, indem er alle Eventualitäten durchdenkt. Doch genau dieses Streben nach Kontrolle kann zur sogenannten Entscheidungsparalyse führen – ein Zustand, in dem wir zwar viele Informationen haben, uns aber trotzdem blockiert fühlen.

Die Angst, eine falsche Wahl zu treffen, verstärkt das Zögern. Denn Entscheidungen bringen nicht nur Veränderung mit sich, sondern auch Verantwortung. Wir fragen uns: Werde ich damit glücklich sein? Was, wenn es nicht die richtige Wahl ist? Solche Fragen sind normal, aber sie verstärken den Druck, besonders, wenn der Kopf pausenlos Szenarien durchspielt.

So wird aus einer Entscheidung oft ein Abwägen zwischen Verstand und Gefühl. Beide Perspektiven haben ihre Berechtigung, doch wenn der Fokus zu sehr auf der rationalen Analyse liegt, verlieren wir leicht den Zugang zu unserer inneren Stimme. Entscheidungen gelingen häufig dann besser, wenn Kopf und Bauch miteinander im Dialog bleiben, anstatt gegeneinander zu arbeiten.

Bei einer schwierigen Entscheidung übernimmt jedoch oft der Kopf die Chefrolle. Eine schwierige Entscheidung ist nämlich genau dann gegeben, wenn keine der Optionen klar besser ist als die andere. Das bedeutet: Beide (oder alle) Möglichkeiten bringen sowohl Vor- als auch Nachteile mit sich, wodurch keine eindeutig heraussticht. Das kann unser Verstand oft nicht akzeptieren und er dreht und wendet die Informationen, sammelt noch mehr und verknotet sich komplett. Tatsächlich geht es in solchen Situationen aber weniger um eine „richtige" oder „falsche" Wahl, sondern um das Abwägen von Prioritäten, Werten und möglichen Konsequenzen – häufig unter Unsicherheit.

Ein klassisches Beispiel: Soll ich in meinem Job bleiben, der sicher ist, mir aber wenig Freude macht, oder das Risiko eines neuen beruflichen Weges eingehen, der mich mehr erfüllt, aber finanziell unsicherer ist? Beide Optionen haben gute Argumente. Es gibt kein objektives „besser", sondern nur eine persönliche Entscheidung, die stark vom individuellen Lebenskontext abhängt.

In vielen Fällen ist die Vorstellung, dass es „die beste Option“ gibt, eher eine Illusion. Besonders bei Entscheidungen, bei denen nicht alle Folgen vorhersehbar sind – etwa bei Partnerschaften, beruflichen Veränderungen, Wohnortwechseln oder der Familienplanung –, lässt sich kaum im Voraus sagen, welche Wahl langfristig „besser“ sein wird. Zu viele Faktoren spielen eine Rolle, viele davon verändern sich mit der Zeit oder liegen außerhalb unseres Einflusses.

Manche Entscheidungen sind also nicht deshalb schwierig, weil sie zu komplex wären, sondern weil sie uns zwingen, uns zu positionieren: Was ist mir gerade wichtiger – Sicherheit oder Freiheit, Nähe oder Selbstständigkeit, Ruhe oder Abenteuer? Solche Entscheidungen sind oft ein Spiegel unserer Werte und unseres inneren Konflikts.

Insofern gibt es bei vielen Entscheidungen vielleicht keine beste Option im objektiven Sinn. Stattdessen geht es darum, eine stimmige Option zu finden – eine, die wir nachvollziehen, vertreten und langfristig mittragen können. Entscheidungen sind damit oft weniger ein mathematisches Problem, das es zu lösen gilt, sondern ein Ausdruck persönlicher Reife und Klarheit.

### Aus der Coaching-Praxis: Tobias, 48, Unternehmensberater

Als Tobias zum ersten Mal mein Büro betrat, war klar: Hier kommt ein Mann, der gewohnt ist, kluge Entscheidungen zu treffen – für andere. Unternehmensberater, analytisch geschult, lösungsorientiert, effizient. Jetzt aber ging es um ihn selbst. Zwei Jobangebote lagen auf dem Tisch, beide auf hohem Niveau, und Tobias war komplett blockiert.

Der eine Job: ein traditionsreiches Beratungsunternehmen in Frankfurt, etablierte Strukturen, verlässliche Prozesse, gute Bezahlung, leitende Position. Tobias kannte die Branche, kannte die Spielregeln, kannte sogar einige künftige Kollegen. Alles vertraut, alles sicher.

Der andere Job: ein junges, dynamisches Strategieteam in einem Berliner Tech-Start-up. Schnelle Entscheidungen, flache Hierarchien, viel Gestaltungsspielraum, aber auch Risiko, Druck, unklare Strukturen. Weniger Geld, dafür mehr Freiheit - vielleicht.

Tobias erklärt mir: „Ich habe eine Tabelle gemacht. Drei Seiten lang. Bewertet mit Schulnoten. Fünfzehn Kriterien. Aber es kommt trotzdem kein klares Ergebnis raus!"

Tatsächlich verbrachte Tobias Tage mit Recherchen. Er las Glassdoor-Bewertungen, LinkedIn-Profile von Führungskräften, durchforstete Foren, hörte Podcasts zum Thema Unternehmenskultur. Er sprach mit ehemaligen Mitarbeitern, Bekannten, Freunden. Er legte Diagramme an, machte SWOT-Analysen - Strengths (Stärken), Weaknesses (Schwächen), Opportunities (Chancen), Threats (Risiken) -, simulierte Karrierezweige in verschiedenen Lebensaltern.

Tobias seufzt: „Ich weiß, wie lang ich mit der S-Bahn zum Büro brauche. Ich habe sogar rausgefunden, wo es mittags Salat ohne Plastikverpackung gibt. Und trotzdem weiß ich nicht, was ich tun soll."

Was Tobias nicht merkte: Je mehr Informationen er sammelte, desto lauter wurde sein Kopf und desto stiller sein Bauch. Er versuchte, eine emotionale Entscheidung mit rationalen Mitteln zu lösen. Ein bisschen, als würde man eine Playlist nach BPM (beats per minute, also Schläge pro Minute) sortieren, um herauszufinden, welcher Song einen glücklich macht.

Ich hörte ihm zu, ließ ihn erzählen, sortierte mit. Dann sagte ich: „Es klingt, als würdest du eine Rechenaufgabe lösen, bei der du gar keine Zahlen brauchst. Was wäre, wenn du mal aufhörst, zu bewerten, und stattdessen spürst?" Tobias lachte nervös. Dann wurde er still.

Ich fragte ihn: „Was würdest du tun, wenn du keine Liste hättest? Wenn du dich entscheiden müsstest, jetzt sofort?"

„Keine Ahnung ... Ich habe mir noch nicht alles von der Berlin-Firma durchgelesen. Da gibt's noch ein Whitepaper zur internen Methodik."

Genau da lag der Hund begraben: Tobias war längst nicht mehr auf der Suche nach Klarheit, er war auf der Flucht vor der Entscheidung selbst. Die Informationssuche war zur Aufschiebestrategie geworden. Mehr Daten bedeuteten mehr Kontrolle. Aber Kontrolle ist nicht immer der Weg zur Wahrheit.

Deshalb zog ich irgendwann die Münze aus der Schublade. Nicht als Zaubertrick, sondern als Spiegel: „Lass den Zufall entscheiden. Nur für einen Moment. Vielleicht zeigt dir dein Gefühl, was du eigentlich längst weißt."

Die Münze flog. Und sie landete – auf Berlin.

Tobias' Reaktion? Nicht Begeisterung. Auch kein Schock. Sondern ein kurzer, ehrlicher Seufzer: „Ich habe gehofft, es wird Frankfurt."

Und da war sie, die Entscheidung. Nicht von der Münze getroffen, sondern von ihm selbst, im Moment der Klarheit. Die Liste hatte sie nicht gebracht, die Recherchen auch nicht. Aber der kleine Stich in der Magengrube schon.

Am Ende entschied sich Tobias für Frankfurt. Nicht weil es sicherer war, sondern weil es stimmiger war. Weil es besser zu dem passte, was ihm gerade im Leben wichtig war: Klarheit, Struktur, Wirksamkeit in gewohnter Umgebung. Die Münze hatte nur geholfen, seine echte Haltung sichtbar zu machen. Und das war letztlich das Ziel unseres Coachings: nicht die perfekte Wahl, sondern eine, die aus seinem tiefsten Inneren kam.

Tobias seufzte: „Ich glaube, ich habe nicht nach dem besseren Job gesucht, sondern nach einem Ausweg aus der Verantwortung. Aber die kann mir niemand abnehmen. Nicht mal eine Münze."

Schöner hätte ich es nicht sagen können.

## MANCHMAL MUSS DER ZUFALL ENTSCHEIDEN

Die Idee, bei schwierigen Entscheidungen einfach eine Münze zu werfen, wirkt zunächst radikal, aber sie ist keineswegs so irrational, wie sie scheint. Wenn es tatsächlich keine objektiv bessere Option gibt, weil beide Alternativen ähnlich viele Vor- und Nachteile haben, stellt sich die Frage: Warum nicht den Zufall entscheiden lassen?

Der Münzwurf als Entscheidungshilfe hat sogar psychologisch eine interessante Wirkung. In vielen Fällen merken Menschen während des Werfens oder beim Anblick des Ergebnisses spontan, was sie sich wirklich wünschen („Ich hoffe, es wird Kopf!") – ein klares Zeichen, dass das Bauchgefühl doch noch da ist und eine Meinung hat. In diesem

Sinn kann der Münzwurf weniger als Entscheidung, sondern vielmehr als Katalysator für Klarheit dienen.

Und was sagen wissenschaftliche Untersuchungen dazu?

Eine aufsehenerregende Studie des Ökonomen Steven D. Levitt (bekannt durch Freakonomics) hat genau das untersucht. In einem groß angelegten Experiment aus dem Jahr 2021 ließ Levitt Tausende von Teilnehmenden bei persönlichen Fragen wie „Soll ich meinen Job kündigen?“ oder „Soll ich mich von meinem Partner trennen?“ eine Münze werfen, wenn sie sich nicht entscheiden konnten. Die eine Seite bedeutete: „Tu es“, die andere: „Lass es, wie es ist“.

Das überraschende Ergebnis: Teilnehmende, die der Münze folgten und eine Veränderung vornahmen, berichteten nach sechs Monaten und auch nach einem Jahr von höherer Zufriedenheit als diejenigen, die nichts geändert hatten. Besonders interessant: Der Effekt war bei größeren Entscheidungen (zum Beispiel Jobwechsel) sogar stärker. Levitts Fazit lautete: Menschen neigen dazu, Veränderungen zu vermeiden, obwohl sie langfristig davon profitieren würden.

Das spricht nicht unbedingt dafür, dass der Zufall immer zu besseren Entscheidungen führt, wohl aber dafür, dass das Zögern und Festhalten an Gewohntem uns manchmal mehr schadet als eine spontane, mutige Wahl.

Natürlich ersetzt ein Münzwurf keine tiefergehende Auseinandersetzung mit sich selbst. Aber in Situationen, in denen die Alternativen wirklich gleichwertig erscheinen und kein innerer Kompass klar anschlägt, kann er helfen, ins Handeln zu kommen und damit dem Gefühl der Lähmung zu entkommen.

## Hören Sie auf Ihren Bauch: Er weiß oft mehr, als Sie denken

Wenn wir uns in Entscheidungsmöglichkeiten verlieren und nur noch endlos Informationen sammeln, blockiert das oft unseren Fortschritt. In solchen Momenten wird der Kopf so laut, dass das Bauchgefühl gar nicht mehr zu Wort kommt. Dabei ist unser Bauchgefühl ein wichtiger Kompass, der uns oft intuitiv sagt, was wirklich wichtig ist. Wenn wir lernen, diesen inneren Impuls wahrzunehmen, gewinnen wir Klarheit und treffen Entscheidungen leichter. Das Bauchgefühl verbindet uns mit unseren Werten und Bedürfnissen, die rein rationale Überlegungen manchmal übersehen.

Im Folgenden stelle ich mehrere Methoden vor, die helfen können, das Bauchgefühl zu aktivieren – für all diejenigen, die mehr wollen, als eine Münze zu werfen.

### DIE SECHS-HÜTE-METHODE: ENTSCHEIDUNGEN AUS SECHS PERSPEKTIVEN DENKEN

Die Sechs-Hüte-Technik wurde vom Psychologen Edward de Bono entwickelt, um Gruppendenkprozesse bewusster, strukturierter und ganzheitlicher zu gestalten. Dabei wird ein Thema nacheinander aus sechs klar definierten Blickwinkeln betrachtet, symbolisiert durch sechs verschiedenfarbige Hüte.

Für Gruppen bedeutet das: Statt zu diskutieren, wer recht hat, geht es darum, verschiedene Blickwinkel zu kombinieren: analytisch, kreativ, vorsichtig, emotional usw. Das reduziert Verwirrung, verhindert einseitiges Denken und eröffnet oft überraschende Einsichten.

Diese Methodik kann man auch individuell anwenden. Dabei setzt man sich gedanklich die sechs Hüte auf.

Die Hüte im Überblick:

Weißer Hut – neutral & sachlich:
Fakten, Informationen, Daten

Roter Hut – emotional & spontan:
Gefühle, Intuitionen, Stimmungen

Schwarzer Hut – kritisch & vorsichtig:
Risiken, Schwächen, Bedenken


Gelber Hut – positiv & optimistisch:
Vorteile, Chancen, Nutzen

Grüner Hut – kreativ & neu:
neue Ideen, Alternativen, Lösungen

Blauer Hut – strukturiert & ordnend:
Überblick, Prozess, Reflexion

### Aus der Coaching-Praxis: Nadine, 28, Lehrerin am Gymnasium

Nadine kaute gedanklich schon eine Weile auf ihrem Problem herum: Soll sie mit ihrem Mann ein Haus neben den Schwiegereltern (im ländlichen Raum) bauen?

Oder eine Wohnung in der Stadt, 100 Kilometer entfernt von den Schwiegereltern, kaufen? Nadine ist hin- und hergerissen. Beide Optionen haben ihren Reiz, aber auch ihre Tücken. Im Coaching setzen wir die Sechs-Hüte-Technik ein, um Klarheit zu schaffen.

Weißer Hut – Was wissen wir? Was sind die Fakten?

Grundstück neben den Schwiegereltern ist bereits vorhanden und günstig.

Baukosten: ca. 480.000 Euro, Hausgröße 140 Quadratmeter, ländliche Lage, Auto nötig.

Wohnung in der Stadt: 4 Zimmer, 110 Quadratmeter, 670.000 Euro, gute Infrastruktur.

Beide Jobs wären aus der Stadt möglich, remote mit gelegentlichen Bürozeiten.

Kinderplanung für die nächsten Jahre steht im Raum.

Schwiegereltern sind aktiv und gesund, wohnen im Nachbarhaus des Baugrundstücks.

Großelternbetreuung später wäre vor Ort möglich.

Roter Hut – Wie fühlt sich das Ganze an? Was sagt das Bauchgefühl?

„Die Vorstellung vom eigenen Haus ist schön, aber die Nähe zu den Schwiegereltern beunruhigt mich. Ich hätte gern mehr Freiraum."

„Die Stadtwohnung wirkt unabhängiger, freier, lebendiger. Aber ich habe auch Angst, mich vom Familienleben zu entfremden."
„Ich fühle mich hin- und hergerissen zwischen der Lust auf Ruhe und der Sehnsucht nach eigenem Raum."

Schwarzer Hut – Was spricht dagegen? Wo sind die Risiken?
Haus am Land: Gefahr, dass Nadine sich eingeengt fühlt oder Konflikte mit den Schwiegereltern entstehen. Weniger kulturelle Angebote, längere Wege zu Ärzten, Schulen, Freundeskreis.
Stadtwohnung: teurer, keine Gartenfläche, keine Unterstützung durch Großeltern im Alltag (zum Beispiel bei Kindern), eventuell Gefühl von Einsamkeit oder Isolation.

Gelber Hut – Was spricht dafür? Wo liegen die Chancen?
Haus am Land: größerer Wohnraum, Garten, eigene Gestaltungsmöglichkeiten, potenziell familiäre Unterstützung bei Kindern. Ländliche Ruhe, Natur, geringere Lebenshaltungskosten.
Stadtwohnung: urbanes Umfeld, vielfältige Freizeitangebote, kürzere Wege, mehr berufliche Optionen und Netzwerk. Unabhängigkeit, mehr Abstand zu potenziellen familiären Spannungen.

Grüner Hut – Gibt es kreative Alternativen oder Mischlösungen?
Kann das Haus nicht direkt neben, sondern etwas entfernt vom Haus der Schwiegereltern gebaut werden?
Wäre eine Wohnung auf dem Land mit mehr Abstand

zu den Schwiegereltern möglich?
Wie wäre ein Modell mit zwei Wohnsitzen?
Könnte man in der Stadtwohnung zunächst wohnen und später (mit Kindern) aufs Land wechseln?
Gäbe es Möglichkeiten, die Nähe zu den Schwiegereltern aktiv zu gestalten, zum Beispiel durch klare Grenzen, Vereinbarungen oder einen Sichtschutz?

Blauer Hut – Was ergibt sich aus dem Gesamtbild? Wie sieht der Denkprozess aus?
Nadine erkennt, dass beide Optionen mit unterschiedlichen Lebensentwürfen verbunden sind – keine ist „besser“, aber jede fühlt sich anders an.
Ihr größter innerer Konflikt liegt zwischen Nähe (Familie, Sicherheit) und Freiheit (Selbstbestimmung, Urbanität). Der Rote Hut (Gefühle) und der Schwarze Hut (Risiken) machen ihr besonders deutlich, dass es nicht nur um Quadratmeter oder Kosten geht, sondern auch um Identität und Zukunftsvision.

Mit der Sechs-Hüte-Technik wird klar, dass sie Sicherheit, aber auch Rückzugsraum braucht. Der Gedanke an Nähe ist schön, solang klare Grenzen möglich sind. Die Wohnung in der Stadt fühlt sich jetzt gut an, aber sie will in ein paar Jahren nicht allein für alles verantwortlich sein, sollte Nachwuchs kommen.

Nadine entschied sich, mit ihrem Partner noch einmal konkret über den Standort des Hauses zu sprechen. Das Grundstück direkt neben den Schwiegereltern war nicht ideal, aber ein paar hundert Meter entfernt wäre es vielleicht doch stimmig. Die Sechs-Hüte-Technik half ihr, sich selbst besser zu verstehen, ohne in der Dauerschleife aus „Pro und Kontra“ stecken zu bleiben.

### Selbst einmal ausprobieren? Los geht's!

- Trennen Sie die Hüte klar voneinander: Konzentrieren Sie sich immer nur auf einen Hut – so erhalten Sie klare Gedanken aus jeder Perspektive. Vermeiden Sie es, mehrere Hüte gleichzeitig „aufzuhaben“, das führt nur zu Verwirrung.

- Stellen Sie sich einen Timer, sodass jeder Hut die gleiche Zeit bekommt.

- Überlegen Sie vorab: Welcher Hut ist Ihr „natürlicher Hut“, den Sie täglich tragen? Mit welchem Hut fühlen Sie sich unwohl? Bleiben Sie trotzdem offen und respektvoll.

- Jede Sichtweise hat ihre Berechtigung, auch die kritische oder emotionale. Versuchen Sie, Ihre Gedanken wertfrei zu betrachten und nicht vorschnell abzuwerten.

- Nutzen Sie den Blauen Hut für den Überblick: Starten und beenden Sie Ihre Überlegungen mit dem Blauen Hut, um den Denkprozess zu strukturieren und die wichtigsten Erkenntnisse festzuhalten.

- Passen Sie die Reihenfolge flexibel an: Je nach Thema kann es sinnvoll sein, die Reihenfolge der Hüte zu verändern – manchmal ist es hilfreich, mit dem Roten

Hut (Gefühle) zu beginnen, besonders bei emotionalen Entscheidungen.

- Schreiben Sie Ihre Ergebnisse auf: Notieren Sie die Gedanken und Einsichten aus jeder Phase. So behalten Sie den Überblick und können am Ende eine wohlüberlegte Entscheidung treffen.

## HILFREICHE UNTERSTÜTZUNG: DAS INNERE TEAM

Die Methode des Inneren Teams wurde vom deutschen Psychologen Friedemann Schulz von Thun entwickelt. Bekannt wurde Schulz von Thun vor allem durch sein Kommunikationsmodell, das „Vier-Ohren-Modell". Das Innere-Team-Konzept ergänzt seine Arbeit um die innere Perspektive: Es geht dabei darum, dass wir in uns selbst unterschiedliche Stimmen oder Anteile tragen, die miteinander kommunizieren, ähnlich wie ein Team.

Schulz von Thun beschreibt, dass jede Person nicht nur eine einheitliche „innere Stimme" hat, sondern dass verschiedene innere Anteile, Einstellungen, Gefühle oder Gedanken oft gleichzeitig präsent sind und miteinander in Beziehung stehen. Diese können einander widersprechen, ergänzen oder Konflikte erzeugen.

Die Innere-Team-Methode hilft Ihnen dabei, diese verschiedenen inneren Stimmen bewusst zu machen, ihre Bedürfnisse und Beweggründe zu verstehen und sie gezielt zu steuern. Dabei geht es nicht darum, eine Stimme auszuschalten, sondern alle Stimmen ernst zu nehmen und mit ihnen in einen konstruktiven Dialog zu treten.

Schritte im Inneren-Team-Prozess:

1. Innere Stimmen identifizieren: Sie nehmen wahr, welche verschiedenen inneren Anteile oder Stimmen in Ihnen sprechen – zum Beispiel der kritische Teil, der ängstliche, der motivierte, der entspannte.
2. Jede Stimme benennen und ihre Funktion verstehen: Geben Sie den Stimmen Namen oder Rollen (zum Beispiel „der Skeptiker“, „der Träumer“, „der Realist“), um sie klar zu unterscheiden und besser zu verstehen, warum sie sich melden.
3. Dialog der Stimmen fördern: Sie lassen die inneren Stimmen „miteinander sprechen“, sodass sie ihre Perspektiven und Anliegen darlegen können. So wird klar, wo Konflikte oder Unklarheiten bestehen.
4. Integration und Entscheidung: Ziel ist es, die unterschiedlichen Stimmen in Einklang zu bringen, Kompromisse zu finden und eine stimmige Lösung zu entwickeln, die allen Bedürfnissen gerecht wird.

### Aus der Coaching-Praxis: Christian, 42, Arzt, alleinerziehend mit drei Söhnen

Christian überlegt, ob er die anstrengenden Notarztschichten weiterhin machen soll. Seine eigene Praxis fordert viel Zeit, die drei Jungs brauchen ihn auch und er fühlt sich oft zwischen seinen Aufgaben zerrissen.

Ich frage ihn bei unserem ersten Gespräch: „Was geht dir gerade durch den Kopf, wenn du an die Notarztschichten denkst?“

„Mann, da sind echt verschiedene Stimmen in mir. Die eine sagt: ‚Du musst da durch, das ist deine Verantwortung als Arzt.‘ Aber dann hört sich das irgendwie auch nach ‚Hey, du bist doch Papa von drei Jungs, die brauchen dich!‘ an. Das ist echt verwirrend.“

„Das klingt, als hättest du ein richtiges kleines Team in dir, das miteinander diskutiert. Wollen wir die mal zusammen anschauen und den einzelnen Stimmen Namen geben?“

Christian stimmt sofort zu: „Klar, das kann helfen.“

„Super. Welche Stimme hörst du als Erstes?“

„Da ist dieser ‚verantwortungsvolle Arzt‘, der meint, ich muss die Schichten machen, sonst hängen alle in der Luft.“

„Okay, der ‚verantwortungsvolle Arzt‘ – gute Basis! Wer sind die anderen Stimmen?“

„Dann gibt’s den ‚Papa Christian‘, der seine Jungs nicht vernachlässigen will und lieber mehr Zeit mit ihnen verbringt.“

„Prima! Gibt’s noch mehr Stimmen?“

„Oh ja, die ‚erschöpfte Person‘, die ständig müde ist und sagt: ‚Hey, du brauchst mal ’ne Pause.‘ Und dann ist da noch der ‚Perfektionist‘, der denkt, ich muss alles unter Kontrolle haben, Praxis, Familie und Notarztschichten.“

„Also gleich vier Stimmen! Wie geht’s denen miteinander?“

„Sie streiten sich echt. Der Arzt sagt weitermachen, der Papa will mehr Zeit, der Erschöpfte will Ruhe, und der Perfektionist macht Druck, dass ich alles richtig mache.“

„Cool, dass du das so klar spürst. Stell dir vor, du sitzt mit deinen inneren Stimmen in einem Team-Meeting – was würde jede einzelne sagen, wenn sie frei reden könnte?“

Christian seufzt: „Der Arzt sagt: ‚Ich muss das machen, sonst klappt das System nicht.‘ Der Papa: ‚Ich will nicht, dass meine Jungs mich nur vom Hörensagen kennen.' Der Erschöpfte: ‚Du bist fix und fertig, gönn dir mal eine Auszeit.' Und der Perfektionist: ‚Mach's richtig, sonst verlierst du alles.'"

„Welche Stimmen möchtest du jetzt besonders beachten?"

„Ich merke, dass die Stimme des ‚Papas' mehr Gehör bekommen sollte, weil meine drei Söhne wirklich meine Zeit und Nähe brauchen. Als alleinerziehender Vater bin ich ihre wichtigste Bezugsperson, und wenn ich zu viel arbeite oder ständig unterwegs bin, fühle ich mich ihnen gegenüber nicht gerecht. Diese innere Stimme erinnert mich daran, dass meine Familie nicht nur ein Teil meines Lebens ist – sie ist das Herzstück. Aber die Stimme des Arztes möchte ich trotzdem auf keinen Fall abstellen."

Ich kann ihn beruhigen: „Es geht nicht darum, eine Stimme zum Schweigen zu bringen, sondern sie alle ernst zu nehmen. Was könntest du tun, um den Bedürfnissen aller gerecht zu werden?"

„Vielleicht reduziere ich die Notarztschichten und schaffe so mehr Zeit für die Jungs und mich, ohne komplett auszufallen."

„Klingt nach einem guten Plan! Und was machst du mit dem Perfektionisten?"

„Dem muss ich sagen: ‚Mach dein Bestes, aber vergiss nicht, dass niemand perfekt sein muss. Es geht darum, nachhaltig gut zu arbeiten, nicht um Überforderung.'"

„Perfekt, Christian! Wie fühlst du dich jetzt?"

Christian lächelt: „Viel leichter und klarer. Ich habe das Gefühl, ich kann mit mir selbst im Team arbeiten, statt gegen mich zu kämpfen."

### Selbst einmal ausprobieren? Los geht's!

- Seien Sie geduldig und offen: Nehmen Sie sich Zeit, die verschiedenen inneren Stimmen wirklich wahrzunehmen. Manche Anteile sind leise oder versteckt und brauchen Aufmerksamkeit, um sich zu zeigen.

- Benennen Sie die Stimmen klar: Geben Sie jeder inneren Stimme einen Namen oder eine Rolle, damit Sie sie besser unterscheiden und im Dialog klar ansprechen können.

- Urteilen Sie nicht über die Stimmen: Akzeptieren Sie alle inneren Anteile ohne Bewertung, auch wenn einige unangenehm oder widersprüchlich erscheinen. Jede Stimme hat ihre Berechtigung und schützt Sie auf ihre Weise.

- Führen Sie einen echten Dialog: Lassen Sie die Stimmen miteinander sprechen – entweder in Gedanken, schriftlich oder im Gespräch mit einem Coach. So treten oft neue Einsichten und Lösungen zutage.

- Fokus auf Integration: Ziel ist nicht, eine Stimme dominieren zu lassen, sondern alle Stimmen in Einklang zu bringen. Suchen Sie nach Kompromissen oder übergeordneten Lösungen, die möglichst viele Bedürfnisse berücksichtigen.

## KOMPLEXE ENTSCHEIDUNGEN AUFDRÖSELN

Heuristische Fragen helfen dabei, die Komplexität von Entscheidungen zu reduzieren, indem Sie die Entscheidung auf ein oder zwei wesentliche Aspekte herunterbrechen. Statt die Entscheidung in ihrer Gesamtheit zu analysieren, konzentrieren Sie sich bei dieser Methode auf einfache, klare Fragen, die leichter zu beantworten sind und dennoch wichtige Hinweise liefern und Ihr Bauchgefühl aktivieren.

### Beispiele

Soll ich den Job wechseln?

- Wie glücklich bin ich aktuell in meinem Beruf?
- Welche Aspekte meines Jobs machen mich wirklich zufrieden?
- Welche Sorgen hätte ich, wenn ich den Job wechseln würde?

Soll ich in eine neue Stadt ziehen?

- Wo fühle ich mich momentan am wohlsten?
- Welche Vorteile bietet mir die neue Stadt im Vergleich zur jetzigen?
- Was würde ich vermissen, wenn ich umziehe?

Soll ich eine Weiterbildung machen?

- Möchte ich etwas Neues lernen?
- Wie sehr würde mir die Weiterbildung helfen, meine Ziele zu erreichen?
- Habe ich genug Zeit und Energie, mich darauf einzulassen?

Soll ich ein neues Hobby beginnen?

- Macht mich diese Aktivität neugierig oder glücklich?
- Habe ich genug Zeit, um mich wirklich darauf einzulassen?
- Was erwarte ich mir persönlich davon, dieses Hobby auszuüben?

### Aus der Coaching Praxis: Anne, 31, Verlagskauffrau

Anne überlegt schon seit Längerem, ob sie jetzt ein Kind möchte oder doch noch warten soll. Ich versuche, ihr dabei zu helfen, indem wir diese große Frage auf mehrere kleine herunterbrechen, um verschiedene Aspekte, die von ihrer möglichen Mutterschaft betroffen sein könnten, aufzuzeigen.

„Anne, Sie sind also unsicher, ob Sie versuchen sollen, schwanger zu werden?"

„Ja, genau. Es fühlt sich irgendwie riesig an und ich weiß nicht, wo ich anfangen soll."

„Das verstehe ich gut. Manchmal hilft es, die große Frage in kleinere, einfachere Fragen zu zerlegen. Darf ich Ihnen ein paar davon stellen?"

„Sehr gern."

„Gut. Zuerst: Wie fühlt sich Ihr aktuelles Leben an? Sind Sie gerade glücklich und zufrieden mit dem, was Sie haben?"

„Ja, ich bin eigentlich zufrieden, habe eine gute Partnerschaft, Job läuft auch gut."

„Was würden Sie an Ihrem Leben vermissen, wenn Sie ein Kind hätten?"

Anne zögert nicht lang mit ihrer Antwort: „Auf jeden Fall meine Unabhängigkeit und die Zeit, die ich für mich habe. Das ist mir wirklich wichtig."

„Welche Veränderungen bereiten Ihnen beim Gedanken an ein Kind Sorgen oder machen Sie unsicher?"

„Dass ich weniger Zeit für mich und meine Hobbys hätte. Und ich frage mich, ob ich dafür wirklich bereit bin."

„Was würden Sie bereuen, wenn Sie es nicht versuchen würden?"

„Dass ich es vielleicht nie versucht habe, wenn es doch mein Wunsch ist."

„Und wenn Sie sich vorstellen, Ihren Weg ohne Kind weiterzugehen – wie fühlt sich das an?"

„Ehrlich gesagt, erleichtert und auch zufrieden."

„Dann haben Sie jetzt eine klare innere Antwort gefunden: Es fühlt sich richtig an, sich aktuell gegen ein Kind zu entscheiden?"

„Ja, das stimmt. Ich merke, ich möchte gerade kein Kind."

„Das ist eine sehr wertvolle Erkenntnis und Sie können jederzeit neu entscheiden, wenn sich Ihre Situation oder Gefühle ändern."

**Selbst einmal ausprobieren? Los geht's!**

Zerlegen Sie die großen Fragen in kleinere, einfachere Fragen.

Soll ich mir ein neues Handy kaufen?

______________________________

______________________________

______________________________

Was soll ich studieren?

______________________________________________

______________________________________________

______________________________________________

### Fragen zur Motivklärung

Unsere Werte sind wie ein innerer Kompass. Sie geben Orientierung in komplexen Entscheidungssituationen, selbst dann, wenn der Verstand sich in Argumenten verliert und das Bauchgefühl kaum noch zu Wort kommt. Gerade wenn wir viele Informationen abwägen, Pro-und-Kontra-Listen schreiben, Szenarien durchspielen und uns dabei immer tiefer im Entscheidungsdschungel verirren, verlieren wir oft den Kontakt zu dem, was uns eigentlich leiten könnte: unserem inneren Wissen darüber, was wirklich zu uns passt.

Hier kommen Motivfragen ins Spiel. Das sind offen formulierte Fragen, die nicht auf logische Analyse zielen, sondern darauf, etwas in uns zum Klingen zu bringen. Eine gute Frage „spricht" uns an – manchmal direkt, manchmal mit einem Nachhall. Sie geht nicht nur in den Kopf, sondern auch ins Herz und in den Bauch. So entstehen Momente der Klarheit, die sich nicht herleiten, aber deutlich spüren lassen.

Diese Fragen helfen dabei, aus der Gedankenschleife auszusteigen und zu erkennen, worum es auf der tieferen Ebene wirklich geht. Oft öffnet sich dabei ein innerer Entscheidungsbaum, ein Bild mit vielen Ästen, die unterschiedliche Richtungen andeuten. Manche Äste sehen auf den ersten Blick stabil aus, tragen aber nicht das, was wir brauchen. Andere wirken wackelig oder ungewohnt, führen aber genau dorthin, wo unser eigenes Wachstum wartet.

Wenn wir unsere Werte kennen – zum Beispiel Freiheit, Sicherheit, Kreativität, Nähe oder Sinn –, können wir jeden dieser Äste prüfen: Passt er zu mir? Trägt er mich langfristig? Ist es ein Weg, auf dem ich mich wiederfinde? Eine Entscheidung, die mit den eigenen Werten im Einklang steht, erzeugt fast immer ein Gefühl von innerer Stimmigkeit. Nicht unbedingt sofortige Erleichterung oder Sicherheit, aber ein leises, klares „Ja, das bin ich".

Und genau hier wird das Bauchgefühl wieder hörbar. Nicht als impulsives Wunschgefühl, sondern als Resonanz mit dem, was für uns Bedeutung hat. Das Bauchgefühl lässt sich nämlich nicht willkürlich aktivieren – es meldet sich dann, wenn wir innerlich aufgeräumt haben und Raum schaffen für das, was uns wirklich bewegt.

Ich habe ein paar Fragen aufgelistet, die Ihnen helfen können, Ihre Motive zu klären:

Wer möchte ich sein?

- Was für ein Mensch möchte ich sein – im Alltag, in Beziehungen, in der Welt?
- Welche Eigenschaften bewundere ich an anderen?
- Was bedeutet für mich ein gelungenes Leben?

Was ist mir wichtig?

- Was sind meine drei wichtigsten Werte? Wie sollte ich entscheiden, damit meine Entscheidung diese Werte widerspiegelt?
- Was darf in meinem Leben nie zu kurz kommen, weil es mich ausmacht?

Gibt es noch andere Perspektiven?

- Wenn ich nur noch fünf Jahre zu leben hätte, was würde ich ändern?
- Wenn ich alt bin, worauf möchte ich stolz zurückblicken?
- Wenn ich nächstes Jahr eine alte Freundin wiedersehe, was möchte ich ihr erzählen?

Wie und was könnte ich sein?

- Was würde ich tun, wenn ich keine Angst hätte?
- Wenn alles möglich wäre, was würde ich ausprobieren?
- Welche Entscheidung würde ich treffen, wenn ich niemandem etwas beweisen müsste?

Was brauche ich unbedingt?

- Was würde ich für die Erreichung meiner Ziele opfern?
- Was würde ich niemals aufgeben, selbst für Erfolg oder Sicherheit?

In der Coachingpraxis zeigt sich immer wieder, dass Menschen, die sich Zeit nehmen, sich selbst durch solche Fragen besser kennenzulernen, Entscheidungen treffen, die sie auf lange Sicht glücklicher machen. Nicht weil sie die perfekte Option gefunden haben, sondern weil sie einen Weg gewählt haben, der zu ihren Werten passt. Und wer in dieser Verbindung mit sich selbst entscheidet, braucht am Ende oft keine langen Listen mehr. Dann reicht ein kurzer Blick auf den inneren Kompass – und wir machen einen Schritt in die Richtung, die sich wie Leben anfühlt.

### Aus der Coaching-Praxis: Elena, 40, Pharmazeutin

Elena hat ein interessantes Jobangebot, weiß aber nicht, ob es zu ihrem Leben passt.

Ich frage sie: „Elena, du hast mir erzählt, dass das Jobangebot spannend klingt – neue Aufgaben, mehr Verantwortung, auch ein höheres Gehalt. Gleichzeitig beschäftigt dich, dass du dann zwei Tage die Woche unterwegs wärst und nicht bei deiner Familie sein könntest. Was macht diese Entscheidung so schwierig für dich?“

Elena zögert kurz: „Ich weiß nicht ... Ich habe das Gefühl, ich müsste diese Chance beruflich nutzen. Aber wenn ich an die Abende ohne meine Kinder denke, bekomme ich ein schlechtes Gefühl im Bauch. Ich will keine Mutter sein, die ständig weg ist. Aber gleichzeitig habe ich auch das Bedürfnis, mich beruflich weiterzuentwickeln.“

„Du bist also innerlich zwischen zwei starken Bedürfnissen hin- und hergerissen. Darf ich dir eine Frage stellen, die vielleicht nicht sofort eine Lösung bringt, aber dich ein Stück näher zu deiner Klarheit bringt?“

„Klar. Bitte.“

„Worauf möchtest du auf keinen Fall verzichten – ganz unabhängig vom Job, vom Geld, von den Erwartungen anderer?“

„Ich möchte auf keinen Fall darauf verzichten, meine Kinder ins Bett zu bringen. Das klingt vielleicht banal, aber diese halbe Stunde abends, das ist unser Moment. Geschichten lesen, kuscheln, noch kurz erzählen, was am Tag war ... Wenn ich daran denke, das regelmäßig zu verpassen, wird mir ganz eng ums Herz.“

„Das klingt nach etwas sehr Wichtigem für dich. Etwas, das dir Halt gibt und euch verbindet."

„Ja. Und das ist eben nicht nur eine Routine, das ist unsere gemeinsame Zeit. Ich merke jetzt, wenn wir darüber reden, dass ich nicht bereit bin, das so oft herzugeben, zumindest nicht im Moment, wo die Kinder noch klein sind."

„Was macht das mit deiner Entscheidung, wenn du das so klar spürst?"

„Es rückt die Dinge zurecht. Vielleicht muss ich mir eingestehen, dass dieser Job gerade nicht zu meiner Lebensphase passt. Und das ist okay. Ich will nicht auf dieses Stück Familie verzichten, auch wenn das heißt, dass ich beruflich gerade ein bisschen langsamer mache."

„Und du hast für dich eine Entscheidung getroffen, die nicht gegen den Job ist, sondern für etwas, das dir zutiefst wichtig ist."

„Ja, genau so fühlt es sich an."

### Selbst einmal ausprobieren? Los geht's!

- Welche Fragen aus der Liste der Motivfragen „sprechen" zu Ihnen?
- Finden Sie Ihre persönlichen Antworten.
- Gibt es noch andere Fragen, die Ihre Werte, Normen, Ihr Glück berühren?

## FREUEN SIE SICH AUF IHRE NÄCHSTE ENTSCHEIDUNG!

Wir sind am Ende dieses Buches angekommen – und vielleicht gleichzeitig am Anfang eines neuen Blicks auf Ihre Entscheidungen. Denn sich glücklich zu entscheiden, bedeutet nicht, immer die „richtige" Wahl zu treffen. Es bedeutet, bewusst zu wählen – mit mehr Klarheit, mehr Selbstvertrauen und einem besseren Verständnis dafür, wie Ihre Entscheidungen überhaupt entstehen.

In Kapitel 1 haben Sie einen Blick hinter die Kulissen Ihres Entscheidungsverhaltens geworfen. Sie haben erfahren, dass nicht immer der Verstand das Sagen hat, sondern oft der Autopilot übernimmt. Das Zusammenspiel aus Vernunft und Intuition, aus Reflex und Reflexion, ist komplex. Doch wer diese Mechanismen versteht, hat mehr Gestaltungsspielraum. Die Frage ist also nicht nur, was Sie entscheiden, sondern wer in Ihnen entscheidet – und warum.

Kapitel 2 hat Sie mit der Sprache des Bauchgefühls vertraut gemacht. Sie haben gelernt, wie heuristische Abkürzungen funktionieren, warum sie in vielen Alltagssituationen nützlich sind und wann sie Sie auf Abwege führen können. Sie haben erste praktische Übungen gemacht, um Ihren inneren Kompass besser kennenzulernen. Ihr Bauch hat viel zu sagen, aber Sie haben die Wahl, wie Sie damit umgehen.

In Kapitel 3 ging es um die Tücken des Denkens, um jene kognitiven Verzerrungen, die unsere Entscheidungen unbemerkt beeinflussen – auch dann, wenn wir glauben, ganz rational zu handeln. Sie haben einige der häufigsten Denkfallen kennengelernt, die uns immer wieder aufs Neue ein Bein stellen, wenn wir sie nicht erkennen.

Kapitel 4 hat Ihnen die Lücke gezeigt, die oft zwischen dem Wollen und dem Handeln klafft. Sie haben Hindernisse identifiziert – innere wie äußere – und gelernt, sie nicht nur zu benennen, sondern auch konkrete Wege zur Überwindung zu entwickeln. Denn eine Entscheidung bleibt wirkungslos, wenn sie nicht in Handlung übergeht.

In Kapitel 5 schließlich haben Sie praktische Tipps erhalten, um sich in einer immer komplexeren Welt leichter und zufriedenstellender zu entscheiden. Sie haben erkannt, dass mehr Auswahl nicht automatisch mehr Freiheit bedeutet. Dass Wissen ein wichtiges Werkzeug sein kann, aber auch eine Quelle der Überforderung. Und dass Ihr Bauchgefühl ein wertvoller Partner ist, wenn Sie es als solchen verstehen und in Balance mit dem Verstand bringen.

### Was bleibt nun?

Die perfekte Entscheidung wird es selten geben. Aber eine stimmige Entscheidung – für Sie, in Ihrem Kontext, mit Ihren Werten – ist möglich. Wenn Sie sich selbst kennen. Wenn Sie bereit sind, hinzuhören – auf den Verstand, auf das Gefühl, auf Ihre Erfahrungen. Und wenn Sie sich erlauben, auch einmal falschzuliegen, ohne sich selbst zu verurteilen.

Denn auch das gehört zum glücklichen Entscheiden: die Freiheit, sich umzuentscheiden. Die Fähigkeit, aus Erfahrungen zu lernen. Und das Vertrauen gewinnen, dass Sie Schritt für Schritt Ihren eigenen Weg gehen.

Nehmen Sie sich Zeit. Seien Sie freundlich mit sich selbst. Und erinnern Sie sich daran:

Hören Sie auf Ihren Bauch, aber machen Sie nicht alles, was er Ihnen sagt.

## AUFLÖSUNGEN VON SEITE 55:

Intuitive Antwort: 100 Minuten

Richtige Antwort: 5 Minuten

Erklärung: Jede Maschine stellt in 5 Minuten ein Gerät her, unabhängig von der Anzahl der Maschinen.

Intuitive Antwort: 24 Tage

Richtige Antwort: 47 Tage

Erklärung: Wenn sich die Fläche jeden Tag verdoppelt, war der See am Tag, bevor der See ganz bedeckt war, halb bedeckt.

# Quellen


## KAPITEL 1

Kahneman, Daniel: Schnelles Denken, langsames Denken. Siedler Verlag, 2012.

Betsch, Cornelia: Präferenz für Intuition und Deliberation (PID). Zeitschrift für Differentielle und Diagnostische Psychologie 25 (2004), S. 179–197.

## KAPITEL 2

Gigerenzer, Gerd: Bauchentscheidungen: Die Intelligenz des Unbewussten und die Macht der Intuition. Goldmann Verlag, 11. Auflage, 2008.

Harari, Yuval Noah: Sapiens – Der Aufstieg. C. H. Beck Verlag, 4. Auflage, 2020.

## KAPITEL 3

Frederick, Shane: Cognitive reflection and decision making. Journal of Economic perspec-tives, 19(4), 2005, S. 25–42.

Zajonc, Robert Boleslaw: Attitudinal effects of mere exposure. Journal of personality and social psychology, 9(2p2), 1, 1968.

Festinger, Leon; Schachter, Stanley; Back, Kurt W.: Social Pressures in Informal Groups: A Study of Human Factors in Housing. Harper, 1950.

Wason, Peter Cathcart: On the failure to eliminate hypotheses in a conceptual task. Quarterly journal of experimental psychology, 12(3), 1960, S. 129–140.

Lord, Charles G., Ross, Lee, & Lepper, Mark: Biased assimilation and attitude polarization: The effects of prior theories on subsequently considered evidence. Journal of personality and social psychology, 37(11), 2098, 1979.

Asch, Solomon Elliot: Effects of group pressure upon the modification and distortion of judgments. In: H. Guetzkow (Ed.), Groups, leadership and men. Pittsburgh, PA: Carnegie Press, 1951, S. 177–190.

Tversky, Amos, Kahneman, Daniel: The framing of decisions and the psychology of choice. Science, 211(4481), 1981, S. 453–458.

Kahneman, David, Tversky, Amos: Prospect theory: An analysis of decision under risk. Econometrica, 47(2), 1979, S. 263–291.

Mischel, Walter: Der Marshmallow-Effekt. Pantheon Verlag, 5. Auflage, 2016.

Laibson, David: Golden eggs and hyperbolic discounting. The Quarterly Journal of Economics, 112(2), 1997, S. 443–478.

Milkman, Katy: How to Change: The Science of Getting from Where You Are to Where You Want to Be. Penguin, 2022.

## KAPITEL 5

Schwarz, Barry: The Paradox Of Choice – Why More Is Less. Harper Perennial, 2005.

Chernev, Alexander, Böckenholt, Ulf and Goodman, Joseph: Choice overload: A conceptual review and meta-analysis. Journal of Consumer Psychology, 25, 2015, S. 333–358.

Schulz von Thun, Friedemann, Stegemann, Wibke: Das innere Team in Aktion. Rowohlt Verlag, 9. Auflage, 2004.

Levitt, Steven D.: Heads or Tails: The Impact of a Coin Toss on Major Life Decisions and Subsequent Happiness. The Review of Economic Studies, Volume 88, Issue 1, 2021, S. 378–405.

Levitt, Steven D., Dubner, Stephen J.: Freakonomics. Riemann Verlag, 2006.

Bono, Edward de: Six Thinking Hats. Penguin Life, 2016.

## ZUM WEITERLESEN


Dobelli, Rolf: Die Kunst des klaren Denkens: 52 Denkfehler, die Sie besser anderen überlassen. Hanser Verlag, 2011.

Reinwarth, Alexandra: Glaub nicht alles, was du denkst: Wie du deine Denkfehler entlarvst und endlich freie Entscheidungen triffst. mvg Verlag, 2019.

Mai, Jochen; Rettig, Daniel: Ich denke, also spinn ich: Warum wir uns oft anders verhalten, als wir wollen. dtv Verlagsgesellschaft, 2011.

Ambridge, Ben: Das Psycho-Test-Buch. Knaur Verlag, 4. Auflage, 2018.

# Die Autorin

**Dr. Verena Utikal** ist Entscheidungswissenschaftlerin und Expertin für Verhalten und Change. Nach mehreren Jahren als Professorin an der FAU Erlangen-Nürnberg, der Universität Ulm und der Universität Seeburg berät sie heute Unternehmen, Teams und Menschen bei schwierigen Entscheidungen und unterstützt als Speakerin, in Seminaren und Workshops dabei, verhaltensökonomische Erkenntnisse in unseren beruflichen und privaten Alltag zu integrieren.

## LIEBE LESER:INNEN,

bleiben wir in Verbindung!
Wir freuen uns auf Ihre Anregungen, Kritik und Wünsche.

**leserbrief@brandstaetterverlag.com**

Christian Brandstätter Verlag GmbH & Co KG
Wickenburggasse 26, 1080 Wien
Tel: +43 1 512154320

Viele weitere Leseinspirationen und Geschenkideen finden Sie unter
**www.brandstaetterverlag.com**

1. Auflage, 2025


ISBN: 978-3-7106-0904-6

Satz, Grafik und Covergestaltung: Johanna Kurz
Lektorat und redaktionelle Mitarbeit: Christina Mondolfo
Projektleitung: Judith E. Innerhofer

Papier: NAUTILUS® Classic 100 $g/m^2$
Druck: Graspo, Zlín (Tschechische Republik)



## WIR TRAGEN VERANTWORTUNG

Aus diesem Grund haben wir uns auf den Weg gemacht, um unseren Einfluss auf das Klima und auf den Planeten zu minimieren. Anstelle von Kompensationszahlungen, und über die üblichen Umweltlabel hinausgehend, haben wir uns das Ziel gesteckt, den $CO_2$-Ausstoß auf allen Ebenen signifikant zu verringern – entlang der gesamten Wertschöpfungskette von der Idee bis zum Buch in Ihren Händen. Mehr Informationen finden Sie unter
**www.brandstaetterverlag.com/nachhaltigkeit**

Bei Fragen zur Sicherheit unserer Produkte wenden Sie sich bitte an
**verantwortung@brandstaetterverlag.com**